CB041378

DIREITOS DA CRIANÇA: ERA UMA VEZ...

A. REIS MONTEIRO

DIREITOS DA CRIANÇA: ERA UMA VEZ...

DIREITOS DA CRIANÇA:
ERA UMA VEZ...

AUTOR
A. REIS MONTEIRO

EDITOR
EDIÇÕES ALMEDINA. SA
Av. Fernão Magalhães, n.º 584, 5.º Andar
3000-174 Coimbra
Tel.: 239 851 904
Fax: 239 851 901
www.almedina.net
editora@almedina.net

PRÉ-IMPRESSÃO | IMPRESSÃO | ACABAMENTO
G.C. GRÁFICA DE COIMBRA, LDA.
Palheira – Assafarge
3001-453 Coimbra
producao@graficadecoimbra.pt

Maio, 2010

DEPÓSITO LEGAL
311546/10

Biblioteca Nacional de Portugal – Catalogação na Publicação

MONTEIRO, A. Reis

Direitos da criança : era uma vez...
ISBN 978-972-40-4157-5

CDU 342

Para o Artur,
a Manuela, sua mãe,
o Manuel, seu pai,
e a Berta, sua avó.

INTRODUÇÃO

A Revolução dos Direitos da Criança

Os direitos da criança eram um conto de fadas, até à adopção da *Convenção sobre os direitos da criança* pela Assembleia Geral das Nações Unidas, a 20 de Novembro de 1989, data do 30.º aniversário da proclamação da *Declaração dos direitos da criança* pela mesma Assembleia, a 20 de Novembro de 1959, e do Bicentenário da *Declaração dos direitos do homem e do cidadão.*

Louis Bruno Sohn, um dos maiores juristas do séc. XX, que foi delegado dos EUA à Conferência de San Francisco que adoptou a *Carta das Nações Unidas*, em 1945, e um dos *pais* do Direito Internacional dos Direitos Humanos[1], disse há quase três décadas:

> As modernas normas dos Direito Internacional relativas aos direitos humanos são o resultado de uma revolução silenciosa nos anos 1940, uma revolução que passou quase despercebida na época. Os seus efeitos espalharam-se, agora, por todo o mundo, destruindo ídolos a que a Humanidade obedeceu durante séculos. Assim como a Revolução Francesa acabou com os direitos divinos dos reis, a revolução dos direitos humanos que começou na Conferência das Nações Unidas de San Francisco em 1945 tirou aos Estados soberanos o supremo privilégio de serem os únicos titulares de direitos no Direito Internacional. Os Estados tiveram de conceder aos seres humanos comuns o estatuto de sujeitos do Direito Internacional, de admitir que os indivíduos deixaram de ser meros objectos, meros peões nas mãos dos Estados. (Sohn, 1982)

---

[1] A expressão clássica "direitos do homem" (*droits de l'homme*) é, cada vez mais, preterida em favor da expressão "direitos humanos" (*human rights*), para evitar o sexismo na linguagem. A expressão "direitos da pessoa" (*droits de la personne*) é também utilizada, principalmente pelos canadianos. E há também a expressão "direitos do ser humano".

O Direito Internacional dos Direitos Humanos pode ser definido como a disciplina do Direito Internacional que tem como objecto o estudo da formação, fontes normativas, mecanismos de protecção, jurisprudência, doutrina, conteúdo e controvérsias dos direitos humanos.

Na moderna história da Revolução dos Direitos Humanos, pode--se destacar três momentos e documentos:

- *Declaração dos direitos do homem e do cidadão* (1789)
- *Declaração universal dos direitos humanos* (1948)
- *Convenção sobre os direitos da criança* (1989)

A *Declaração dos direitos do homem e do cidadão* foi elaborada no princípio da Revolução Francesa pela Assembleia Nacional Constituinte, entre 20 e 26 de Agosto de 1789, dia em que foi decretada. Inspirada na Filosofia das Luzes (Locke, Montesquieu e Rousseau, nomeadamente) e nas Declarações inglesas e americanas, consagra o ideal revolucionário libertador que transformou os *súbditos* em *cidadãos*. Proclamou a «imortal divisa: Liberdade, Igualdade, Fraternidade», como se lia no Relatório da Comissão Scholcher sobre a abolição definitiva da escravatura, em 1848. No Prefácio à sua *História da Revolução Francesa* (1847), Jules Michelet escreveu: «Os nossos pais [...] encontraram a arbitrariedade no céu e sobre a terra, e começaram o Direito». Um *Direito novo* que, escreveu Jean Jaurès na Conclusão da sua *História Socialista da Revolução Francesa* (1903), «tomou definitivamente posse da história» (in Monchablon, 1989: 201, 176, 177, 227).

A *Declaração universal dos direitos humanos* foi proclamada pela Assembleia Geral das Nações Unidas a 10 de Dezembro de 1948, mas sem generalizado entusiasmo. Muito diferente foi o teor dos discursos das dezenas de oradores que subiram à tribuna da Assembleia Geral, em Nova Iorque, nos dias 10 e 11 de Dezembro de 1998, durante a sessão comemorativa do seu 50.º aniversário. Na verdade, a Declaração Universal de 1948 significou a consagração e universalização jurídicas de um património de valores morais comuns a toda a Humanidade. Tornou-se um novo *Decálogo* cujos mandamentos estão condensados na primeira frase do seu Artigo primeiro: «Todos os seres humanos nascem livres e iguais em dignidade e em direitos». É a fonte do Direito Internacional dos Direitos Humanos, que renovou o Direito Internacional, o Direito Constitucional e outros ramos do Direito.

A *Declaração Universal* foi o primeiro dos textos jurídicos internacionais que formam a *Carta Internacional dos Direitos Humanos*, expressão adoptada pela Comissão dos direitos humanos das Nações Unidas em 1947, na sua sessão de Genebra, para designar o quadro normativo formado pela Declaração (que estava, então, a preparar) e o instrumento ou instrumentos jurídicos que deveriam reforçá-la: viriam a ser os dois Pactos Internacionais adoptados pela Assembleia Geral das Nações Unidas em 1966 (que entraram em vigor em 1976): o *Pacto internacional sobre os direitos civis e políticos* (com dois Protocolos Facultativos) e o *Pacto internacional sobre os direitos económicos, sociais e culturais* (com um Protocolo Facultativo adoptado pela Assembleia Geral das Nações Unidas a 10 de Dezembro de 2008 e aberto à assinatura dos Estados Membros a 24 de Setembro de 2009, em Nova Iorque). A *Carta Internacional dos Direitos Humanos* foi qualificada por U. Thant, antigo Secretário-Geral das Nações Unidas, como a *Magna Carta* da Humanidade[2].

A *Convenção sobre os direitos da criança* (1989) é a *Magna Carta* das crianças. A sua adopção desencadeou uma verdadeira revolução, como reconhecem tanto os seus defensores como os seus detractores. Na opinião de Rhona K. M Smith, «é, sem dúvida, uma linha de separação das águas para as Nações Unidas, sob muitos aspectos, representa quase o apogeu da nova era do Direito Internacional dos Direitos Humanos das Nações Unidas» (Smith, 2003: 33)[3].

---

[2] Constitui, com mais cinco Tratados, o *corpus* normativo principal sobre os direitos humanos, no quadro das Nações Unidas. Os cinco Tratados são os seguintes: *Convenção internacional sobre a eliminação de todas as formas de discriminação racial* (1965), *Convenção sobre a eliminação de todas as formas de discriminação contra as mulheres* (1979), *Convenção contra a tortura e outro tratamento ou punição cruéis, desumanos ou degradantes* (1984), *Convenção sobre os direitos da criança* (1989), *Convenção internacional sobre a protecção dos direitos de todos os trabalhadores migrantes e dos membros das suas famílias* (1990).

[3] Esta publicação desenvolve os estudos do autor sobre os direitos da criança que foram objecto de publicações anteriores (embora utilize, naturalmente, alguns dos seus dados): *A Revolução dos Direitos da Criança*, Porto, Campo das Letras, 2002, 222 p.; *Los educadores y los derechos del niño*, Santiago de Chile, Ediciones Jurídicas Olejnik, 2004, 150 p.; *La Revolución de los Derechos del Niño*, Madrid, Editorial Popular, 2008, 305 p. (versão revista e aumentada da edição portuguesa).

1
História da Infância: da abjecção à celebração

Comecemos por algumas observações gerais sobre a história da infância:

- As fontes da história da infância são escassas, indirectas e limitadas, ainda mais no que respeita às classes sociais mais baixas, como se lê nas primeiras páginas de uma importante publicação sobre a história da infância:

> Não recolhemos na história senão bocados, *membra disjecta*, e só muito excepcionalmente podemos encontrar a criança como *sujeito*. [...] De facto, não captamos a infância senão através do prisma que dela nos deixaram, em cada período da história, os adultos (legisladores, pedagogos, escritores, pintores, pais, autobiógrafos recordando o seu próprio passado, etc.), e é através destes rastos *indirectos* que devemos tentar reconstruir o que terão sido as infâncias das épocas passadas. [...] Quanto mais recuamos no tempo, mais fugidios se revelam os rastos que podemos detectar, não porque a criança não tenha tido o seu lugar, mas porque a concepção da criança era diferente. [...] Devemos, pois, admitir que, embora o fio cronológico deste livro seja contínuo, o nosso conhecimento, esse, é descontínuo e o nosso projecto cheio de buracos negros e de questões ainda (e talvez para sempre) sem resposta. (Becchi et Julia, 1996: 12-13)

É por isso que o *Diário* de Jean Héroard, médico do futuro rei Luís XIII (1601-1643) que registou o quotidiano do príncipe durante 27 anos, pode ser considerado «o eldorado dos historiadores» (p. 23). Todavia, «nada nos diz dos milhões de infâncias que lhe são contemporâneas» (Julia, 1996a: 7), das infâncias dos filhos do povo, das quais não há, em geral, documentos escritos.

– A história da infância é atravessada pela ambivalência da sua representação, com prevalência de uma visão pessimista.
A criança é um ser humano inferior, em estado bruto, um mal necessário, ou um ser humano melhor, inocente, um paraíso perdido?
Esta ambivalência encontra-se na tradição cristã, designadamente, em que a visão da criança é, simultaneamente, «a de uma criatura naturalmente corrompida e a de um ser incapaz de fazer voluntariamente o mal e perfectível» (Luc, 1996: 332).
Nos Evangelhos do *Novo Testamento,* aos seus discípulos que lhe perguntam quem é o maior no reino dos céus, Cristo responde mostrando uma criancinha:

> Em verdade vos digo que, se não mudardes e não voltardes a ser como meninos, não entrareis no reino dos céus. Todo aquele que se fizer pequeno como este menino, esse será o maior no reino dos céus. E quem receber um menino como este em meu nome é a mim que recebe. (Mateus, 18, 3-5)
> Deixai as crianças e não as impeçais de virem a mim, porque dos que são como elas é o reino dos céus. (Mateus, 19, 14)

Como conciliar estas palavras com a doutrina cristã do *pecado original*?
A questão foi objecto de controvérsia teológica, nos primeiros séculos da nossa era. S. Agostinho (354-430), um dos maiores doutores da Igreja Católica, nas suas *Confissões*, propôs a interpretação que viria a prevalecer:

> Na culpa nasci e no pecado me concebeu minha mãe [...] onde, então, Senhor, onde e quando é que eu fui inocente?
> Foi, pois, uma figura da humildade que vós louvastes, ó nosso Rei, no pequeno corpo da criança, quando dissestes: "o reino dos céus pertence àqueles que forem como ela".

Na sua obra *Cidade de Deus*, S. Agostinho vai ao ponto de afirmar sobre a criança: «Se a deixássemos fazer o que lhe apetece, não há crime que não a víssemos cometer».
Como observa Jean-Noël Luc: «Católicos e protestantes compartilham esta visão pessimista, herdada da tradição augustiniana, de uma criatura pervertida, desde o nascimento, pelo pecado original» (Luc, 1996: 331).

- A visão pessimista da infância é o pano de fundo de muitas violências, de que são vítimas também frequentemente as mulheres.
  As violências de que as crianças têm sido vítimas, ao longo dos tempos, vão desde o infanticídio até à sua exploração, passando pelos métodos da educação. No que respeita a esta, a violência *pedagógica* não fazia distinção de classes sociais. Em 1607, Henrique IV escreve à governanta do seu filho, com seis anos, futuro Luís XIII, rei de França (aos nove anos): «Quero e ordeno-vos que o açoiteis sempre que ele for teimoso ou se portar mal, sabendo eu próprio que nada há no mundo que lhe possa ser mais proveitoso. Proveito de que eu tenho a experiência, pois, com a sua idade, fui muito açoitado. É por isso que quero que o façais e que lho façais entender» (Julia, 1996: 373).
  As violências sobre as crianças são actos do mesmo drama das violências e discriminações de que sempre foram vítimas também as mulheres. Carlo A. Corsini conclui: «A história da infância não é, pois, dissociável da história da mulher, e sobretudo da mãe» (Corsini, 1996: 302).
- A evolução dos sentimentos e mentalidades relativamente à criança, bem como do seu estatuto social, reflecte-se, nomeadamente, nos tratados de educação, na expansão da escola, na pintura, na atenção aos brinquedos, na literatura infantil.
  Essa evolução pode ser periodizada, muito esquematicamente, como todas as periodizações da história humana, dizendo que a história da infância é a história do:
  - *Desconhecimento* milenário e desvalorização das crianças, vistas como seres humanos inferiores aos adultos, e sua redução à condição de objectos de propriedade e *violências.*
  - *Conhecimento* tardio e valorização da especificidade da criança, como ser humano em formação, suscitando *sentimentos* de amor e compaixão e requerendo cuidados.
  - *Reconhecimento* contemporâneo e respeito pela criança, como sujeito com a mesma dignidade e *direitos* que os adultos, e mais direitos ainda, devido à sua imaturidade, vulnerabilidade, dependência e necessidades de desenvolvimento.

Cada uma destas épocas tem uma tela normativa de fundo, pois não há sociedade sem normas, escritas ou não. Pode-se destacar em cada uma delas um documento jurídico mais representativo da consciência moral e jurídica dos tempos. Esses textos são, como veremos, os seguintes:

- *Lei das XII Tábuas* (450 a.C.)
- *Código Civil de Napoleão* (1804)
- *Convenção sobre os direitos da criança* (1989)

Segue-se uma perspectiva das três épocas indicadas.

1.1. **Desconhecimento e violências**

Na cultura europeia, os tempos de desconhecimento da especificidade da infância e de desvalorização das crianças duram até à Idade Média. São tempos de muito predominante visão pessimista da infância, reflectida, por exemplo, nos livros do *Antigo Testamento* da *Bíblia* cristã, como documentam as mais de duas mil referências às crianças do *Complete Concordance to the Bible*, sobre as quais Lloyd DeMause escreveu:

> Há muitas sobre o sacrifício de crianças, sobre a lapidação de crianças, sobre a administração de açoites às crianças, sobre a sua estrita obediência, sobre o seu amor aos pais e sobre o seu papel como portadoras do nome da família, mas nem uma só que revele empatia alguma a respeito das suas necessidades. [...] Certamente que não era a capacidade de amar que faltava aos pais de outras épocas, mas antes a maturidade afectiva necessária para ver a criança como uma pessoa distinta de si próprios. (DeMause, 1974: 37)

Segundo Jean-Pierre Néraudau:

> A seguir aos Gregos, os Romanos colocaram o estudo da criança no quadro mais geral de uma reflexão que se assemelha, muitas vezes, a uma verdadeira antropologia. O pessimismo de Platão, que via na criança um ser sem razão e bastante próximo do animal, e o de Aristóteles, pouco menor, que via nela o grau zero de um processo evolutivo, estão presentes nos textos latinos, que fazem sempre notar que a criança é caracterizada pela fraqueza, *infirmitas*, do corpo e do juízo, que a torna semelhante a todos os excluídos da vida política completa, as mulheres, os velhos e os loucos. (Néraudau, 1996: 90)

Néraudau observa que, entre os Romanos, «a palavra pater não implica a paternidade biológica, mas antes um poder», orientado «mais para a continuação de um culto e a salvaguarda de um património. Estes laços eram mais fortes do que os do sangue e eram eles que fundavam a família» (p. 159). De facto, o verdadeiro nascimento não era o biológico, mas o simbólico:

> Quando, no momento do nascimento de uma criança, a parteira o informa se é rapaz ou rapariga e se nasceu viável, o pai deve fazer um gesto para aceitá-lo na família; se está ausente, pode ter deixado ordens para que se lhe conserve ou se lhe tire a vida. A criança está no chão, ele deve pegar nela, por baixo, e elevá-la nos seus braços. Dois verbos definem, em latim, esses dois gestos que dão a vida: *suscipere*, pegar por baixo, e *tollere*, elevar. Tiveram uma evolução semântica que esclarece as implicações profundas dos movimentos simples que designam, pois que ambos acabaram por significar "criar", no sentido de "educar". Ambos significam também "pôr no mundo" e podem admitir uma mulher como sujeito, contra-senso profundo relativamente aos gestos iniciais reservados aos pais. *Suscipere*, enfim, significa também "admitir num grupo" ou "tomar a seu cargo alguém para criá-lo". Assim, o pai, ao elevar a criança, admite-a no mundo e compromete-se a educá-la. Estes valores morais e generosos não ofuscam o sentido profundo do gesto: o nascimento físico não é o essencial e, enquanto está no chão, a criança não existe, é o gesto paterno que a chama à verdadeira existência, "substitui o nascimento de facto pelo nascimento ritual". (Néraudau, 1984: 210)

Alguns dias mais tarde, o recém-nascido recebia um nome, quando se realizavam os ritos da sua integração simbólica no mundo dos vivos. «Até lá, era como se a criança ainda não tivesse nascido, ainda não tivesse sido inscrita nos quadros da condição humana», observa J. Cazeneuve (cit. in Néraudau, 1984: 279).

A representação pessimista da criança como ser humano em estado bruto, imperfeito, inferior, reflecte-se na violência dos costumes e práticas que atravessam a história da infância, nomeadamente as generalizadas práticas de infanticídio. DeMause constata que, «quanto mais se retrocede na história, mais numerosas são as manifestações de impulsos filicidas da parte dos pais» (DeMause, 1974: 47). As práticas de infanticídio tinham várias causas (pobreza, medo perante a monstruosidade, ritos, egoísmo, políticas de eugenismo, etc.) e revestiam-se de formas diversas (abandono ou exposição, estrangulamento, afogamento, encerramento em recipientes, enterramento, sacrifícios rituais, etc.). O infanticídio vitimava especialmente os filhos ilegítimos, o sexo feminino e os recém-nascidos com alguma disformidade.

Outras formas de violência, ao longo da história, têm sido: a venda como escravos, ou dádiva por dívidas ou como reféns políticos; a recolha de crianças abandonadas, para venda no mercado de escravos ou de monstros (como os hermafroditas ou os anões, sendo estes, por vezes, fabricados, encerrando crianças em caixas, para interromper o seu crescimento); o estropiamento deliberado, para exploração na mendicidade; o enfaixamento; o trabalho infantil; o abuso, a exploração e a mutilação sexuais; a administração de álcool, para as calar ou fortalecer, etc. DeMause escrevia, em 1982, que a história da infância «é um pesadelo de que só recentemente começámos a despertar» (cit. in Becci & Julia, 1996: 21). As realidades da condição da infância não podiam deixar de ser sombrias em tempos dominados pela luta pela sobrevivência, de reduzida esperança de vida e costumes violentos.

Outra forma de violência era (e ainda é, em muitos casos, sob diferentes formas), a utilização das crianças como peões de política matrimonial. Com efeito, escreve Michael Goodich, «o casamento não era, na maior parte dos casos, senão um contrato entre duas famílias poderosas, inspirado pela necessidade de ter um herdeiro. O destino reservado às crianças dependia das estratégias políticas e financeiras da família». Sobretudo o das raparigas, cujo valor era principalmente financeiro. Foi o caso, por exemplo, de Elizabeth da Hungria, no séc. XIII: «As grandes etapas da sua vida são as de muitos dos seus contemporâneos: noiva aos quatro anos, em 1211, casada aos catorze, em 1221, teve o seu primeiro filho aos quinze anos, fica viúva aos vinte anos (com três filhos, um dos quais nascido depois da morte do marido) e morre aos vinte e quatro anos» (Goodich, 1996: 148, 149).

A educação é um domínio onde a violência sobre as crianças foi, desde sempre, amplamente legitimada e praticada. O poeta latino Horácio evoca Orbilius Pupillus, o *plagosus Orbilius* (Orbílio, o espancador) (Cartas, II, 1, 70-71)[4], cujo nome está na origem do

---

[4] V. http://agoraclass.fltr.ucl.ac.be/concordances/horace_epitresII/texte.htm

termo *orbilianismo* como designação da doutrina que preconiza os castigos corporais na educação. Ficaram também famosas estas palavras de S. Agostinho:

- Nas *Confissões*:
  A criança pequena que eu era pedia-vos, Senhor, com um fervor que não era pequeno, para não ser batida na escola. E quando a minha oração não era atendida por Vós (o que era para meu bem), as pessoas grandes, até os meus pais, que me queriam livre de todo o mal, riam-se das pancadas que eu recebia, o meu grande e terrível tormento de então. (Livro primeiro, IX, 14)

- Na *Cidade de Deus*:
  Quem, pois, não recuaria de horror e não escolheria a morte, se lhe fosse dado a escolher entre morrer e voltar a ser criança? (Livro XXI, Capítulo 14)[5]

O texto jurídico mais conhecido e influente, naqueles tempos, é a *Lei das XII Tábuas* (450 a.C.), fonte do Direito Romano, onde estava inscrito o *patria potestas* (poder paternal), instituto jurídico que está na origem do Direito da Família ocidental. O *patria potestas* tinha denominações diferenciadas conforme o seu objecto: *manus* (sobre a mulher), *patria potestas* (sobre os filhos), *dominica potestas* (sobre os escravos) e *dominium* (sobre os bens). A sua expressão mais extrema era o *jus vitae necisque* (direito de vida e de morte) sobre os filhos. A *familia* era, pois, uma espécie de monarquia, em que o pai era o soberano absoluto. Embora progressivamente restringido, o seu poder tem sido a base da instituição familiar e da ordem social em sociedades estruturadas pelo valor da autoridade e pela virtude da obediência. Na história do pensamento político ocidental, o *patria potestas* foi considerado, durante séculos, como um reflexo do poder divino, devendo ser o modelo do poder político. A cadeia de legitimidade era a seguinte: *Omnis potestas a Deo* (Todo o poder vem de Deus), o *patria potestas* é um reflexo do poder divino e deve ser o modelo do poder político.

---

[5] Um fresco pintado por Benozzo Gozzoli (1421-1497), no séc. XV, numa parede da Igreja de S. Agostinho, em San Gimignano (Itália), inclui uma cena sobre o primeiro dia de escola de S. Agostinho (*A Escola de Tagasta*), em que um mestre empunha uma vergasta tendo à sua frente uma criança com o traseiro desnudado, às costas de um adulto.
(V. www46.homepage.villanova.edu/john.immerwahr/ALP/school1.htm)

Néraudau resume:

> Privilegiemos uma abordagem pessimista e, então, chegam-nos da Antiguidade gritos, gritos das crianças expostas, daquelas que são transformadas em monstros, gritos dos alunos batidos na escola, uivos de terror das crianças assassinadas nos braços dos pais, enfim o grito terrível de S. Agostinho preferindo a morte a uma segunda infância. [...]
> A história da criança, no Ocidente, não se resume no sorriso do Menino Jesus, nos braços de sua mãe; ressoa também dos gritos e dos maus-tratos. O Ocidente retomou da Antiguidade o pior e o melhor, não num movimento ascendente de progresso para a doçura, mas com intermitências, hesitações, regressões e saltos em frente. O pior foi, sem dúvida, a posteridade que deu à imagem da criança tal como S. Agostinho a concebeu. O melhor, foi ao paganismo, a Quintiliano e a Plutarco sobretudo, que os primeiros humanistas pediram lições para corrigir a severidade da sua época para com as crianças. (Néraudau, 1984: 406, 409)

Como vamos ver, o Renascimento opera «uma distinção progressiva entre a infância e o mundo adulto» (Becchi, 1996: 175).

1.2. Conhecimento e sentimentos

É com o Humanismo renascentista (séc. XIV-XVI) que se gera, na cultura europeia, um movimento, cada vez mais pujante, em favor da consideração da especificidade e valor das crianças, acompanhado de uma nova sensibilidade em relação à infância, uma nova consciência da sua educabilidade e uma crescente preocupação com a sua educação.

Philippe Ariès, em *L'enfant et la vie familiale sous l'Ancien Régime* (1960) – obra que «continua a ser o ponto de partida obrigatório de toda a história da infância» (Becchi et Julia, 1996: 25) – argumentou a tese segundo a qual, entre os séculos XIII e XVII, «apareceu um sentimento novo da infância» (Ariès, 1960: 179). Em sua opinião:

– Na sociedade medieval, não havia o sentimento da particularidade psicológica da infância. A função da família não era verdadeiramente afectiva, era principalmente económica (subsistência e transmissão dos bens) e de protecção dos seus membros. Se o amor «viesse por acréscimo [...] tanto melhor» (p. 7).

– A descoberta da especificidade da criança começou a partir de fins da Idade Média (séc. XIII) e manifesta-se, designadamente, na distinção do vestuário das crianças, sua aparição na pintura e começo da generalização da sua escolarização, a partir do séc. XVII.

Esta é uma tese considerada descontinuista, fundada principalmente na história da arte, e da pintura em particular, que muitos estudos posteriores não confirmam. A excessiva preocupação de Ariès (por ele reconhecida) em datar a origem do sentimento da infância tê-lo-á levado a perder de vista que sentimentos de afecto pelas crianças terão existido em todos os tempos, embora pouco generalizados e com formas de expressão e intensidade variáveis. Não obstante, Alain Renault observa que «os historiadores da família recentes insistiram fortemente nesta ideia: foi na época de Rousseau que, pela primeira vez com tanta nitidez, a família apareceu como um lugar onde o amor pode exprimir-se» (Renaut, 2002: 268). É o caso de Elizabeth Badinter, que concluiu pela «ausência de amor, como valor familiar e social, no período da nossa história que precede o meio do séc. XVIII» (Badinter, 1980: 39). Portanto, o amor materno não é tão natural como parece, é um sentimento de matriz cultural, vem *por acréscimo*. Néraudau comenta: «A tese é sedutora, mas pode ser invertida: e se o instinto fosse um dado primário que o clima cultural oculta, em certas épocas?» (Néraudau, 1984: 340).

Ariès procurou saber, nomeadamente, qual o significado da progressiva aparição das crianças na pintura e de um vestuário próprio, a partir do fim do séc. XIV. Com efeito, como escreve Egle Becchi, a «abundância de crianças nos quadros do séc. XVI, e não apenas em Itália, tudo isto é mais do que um simples indício de uma nova ideia da infância. Todas essas figuras infantis atestam que, não apenas na família mas na sociedade inteira, a primeira idade está em vias de adquirir uma nova significação» (Becchi, 1996: 174). No séc. XVII, também a devoção ao Menino Jesus «desempenhou, pouco a pouco, um papel não depreciável numa evolução do sentimento da infância: da abjecção passou-se ao enternecimento» (Le Brun, 1996: 453).

Outro aspecto da moderna descoberta da infância é a revalorização do jogo e dos brinquedos. Michel Manson observa:

> Quando se trata de um retrato de menina, é com a sua boneca que ela mais gosta de ser representada, a partir de meados do séc. XVIII, e quando os rapazinhos estão sozinhos em cena, o tambor afirma frequentemente a sua preeminência sobre os outros brinquedos. Bonecas e tambores são também os brinquedos abandonados no chão ou sobre os móveis que mais frequentemente encontramos do século XVII ao séc. XIX. (Manson, 1996: 485)

Jeroen J. H. Dekker confirma a crescente visibilidade da criança na Holanda: «Na pintura holandesa do séc. XVII, a criança está em toda a parte. Para Simon Schama (em *O embaraço das riquezas*), esses quadros constituem "a primeira representação intensiva do amor parental na arte europeia". Um dos subtemas frequentes desta pintura é a importância de uma boa educação» (Dekker, 1996: 397). E dá muitos exemplos: *Retrato de família* (Emmanuel de Witte), *Educar a criança* (Jacob Jordaens), *Mãe e Filho* e *A criança com cão* (Gerard Ter Borch), *Mãe e Filho* (Van Brekelenkam), *A criança doente* (Gabriel Metsu), *Mãe embalando o seu filho* (Samuel van Hoogstraten), *Cuidados maternais* (Caspar Netscher), *Jogos de crianças* (Pieter Bruegel), *Crianças a brincar* (Adryaen van der Werff), *O mestre-escola* (Adriaen van Ostade), *A escola da noite* (Gerard Dou). O autor associa a epifania pictórica da criança ao nascimento do sentimento de identidade individual:

> Para historiadores como Georges Duby, que fala de "nascimento do indivíduo", Philippe Brauntsein, que escreve sobre "a invenção do sujeito", o "indivíduo em espelho" e a "identidade", e Jacques Gélis, que trata da "criança como indivíduo", a identidade individual é um fenómeno que aparece no fim da Idade Média e no princípio dos Tempos Modernos. [...] Se esta teoria do desenvolvimento humano é a boa, a humanidade terá conhecido sempre formas de identidade colectiva, mas a identidade individual só aparece no Renascimento. (p. 398, 399)

A nova visão humanista da infância era acompanhada por uma forte crença na sua perfectibilidade e nas virtualidades de uma nova educação. Como escreveu Eugenio Garin:

> A ideia de que a infância é um momento mágico da vida é bastantes vezes expressa nos tratados de pedagogia do séc. XV, por vezes em tons emocio-

nados. [...] Em 1459, o filho do grande Guarino de Verona, Battista, recorrerá, por seu lado, aos versos de Horácio: *Quo semel est imbuta recens servabit odorem testa Diu* ("A ânfora nova conservará durante muito tempo o perfume de que tiver sido inicialmente impregnada"). (Garin, 1996: 247)

O mais renomado arauto desta nova educação foi Erasmo de Roterdão (1466-1536), que escreveu em *De pueris instituendis (Sobre a educação das crianças,* 1529): «Os homens não nascem, fazem-se» (*Homines non nascuntur sed finguntur*). E é a linguagem que faz o homem. Com efeito, sublinha Franz Bierlaire, esta é a:

> ... ideia-mestra do Humanismo: o homem, este animal dotado de palavra, só adquire a sua verdadeira dimensão de homem através da excelência naquilo que ele tem de verdadeiramente humano, a linguagem. Dominar a linguagem é dominar-se a si próprio e ser capaz de comunicar com os outros. Aprender a falar é aprender a viver em sociedade. E falar bem, isto é, adequar a sua linguagem a quem ouve e ao assunto tratado, para respeitar o princípio da conveniência a que os Antigos chamavam *decorum*, não é uma forma elevada de saber-viver? (Bierlaire, 1996: 296, 297)

Vários tratados sobre educação foram publicados, sobretudo em Itália, e a escolarização das crianças tornou-se progressivamente uma prioridade familiar e social.

Já havia escolas na Mesopotâmia e no Egipto, assim como em Atenas, desde o séc. V a. C., mas pagas pelas famílias. A época pós-clássica, helenística (séculos IV-I a. C.), caracteriza-se por uma preocupação, privada e pública, com a educação. No entanto, mesmo quando havia uma regulamentação pública, a educação não tinha financiamento público. O mesmo se passa na República e no Império Romanos. As escolas romanas desapareceram por volta do fim do séc. V e só no séc. IX há notícia de escolas fora dos mosteiros, abertas a crianças não destinadas à vida religiosa. Essa tendência acentua-se a partir do séc. XII, quando transformações da vida económica tornaram necessárias novas aprendizagens. No séc. XIV, a instrução elementar expande-se ainda mais, sobretudo em algumas cidades italianas.

No séc. XVI, começa uma nova época na história da escola, com a instituição do colégio para as classes superiores. No séc. XVII, Jean-Baptiste de La Salle (1651-1719) cria uma instituição denominada *Frères des Écoles Chrétiennes*, para a educação gratuita das crianças pobres nos bons costumes, evitando os métodos violentos, e para ocupá-las durante o dia inteiro. Uma das inovações das Escolas Cristãs lassalianas foi começar a aprendizagem da leitura na língua materna, e não em latim. Delas derivam características que perduram no funcionamento da escola contemporânea. Mas tinham um limitado raio de alcance, pois chegavam apenas a alguns sectores dos meios urbanos (v. Julia, 1996a).

A difusão da instrução, no séc. XVI, foi sobretudo um imperativo da catequização, no contexto da Reforma Protestante e da Contra-Reforma Católica. A este propósito, e referindo-se à Holanda, Dekker observa que «é uma prioridade religiosa e política, mais do que simplesmente pedagógica: o que está em jogo é impor o calvinismo a toda a população, tentativa cujo ponto culminante terá sido o Sínodo Nacional de Dordrect em 1618». Tanto que, nessa época, a Holanda tornou-se «o país mais alfabetizado do mundo» (Dekker, 1996: 415).

Apesar dos progressos de «uma pedagogia sem lágrimas» (Julia, 1996a: 68), Louis-Sébastien Mercier escrevia, no fim do séc. XVIII, a propósito das escolas: «Nelas vemos pedagogos cuja presença, por si, inspira horror, armados de chicotes e palmatórias, tratando com desumanidade a primeira idade da vida» (cit. in Julia, 1996a: 32-33).

O Código Civil Francês (*Code Civil des Français*) de 1804, conhecido como Código de Napoleão (que o promulgou a 21 de Março de 1804), reflecte a evolução da consciência jurídica europeia a partir do Renascimento. Assinalemos alguns marcos dessa história.

Em 1567, em *Les six livres de la République*, Jean Bodin, que é «o filósofo que melhor incarna a transição entre a filosofia política antiga e a filosofia política moderna [...], a ponta de lança da cultura medieval no Renascimento», na opinião de Renaut, ainda considera que o *patria potestas* é o modelo do poder político. Afirma Bodin que «a família bem conduzida é a verdadeira imagem da República [...e] o modelo da casa o verdadeiro modelo da República». E conclui: «Na República bem ordenada, é preciso dar aos pais o poder de vida ou de morte que a lei de Deus e da natureza lhes dá» (Renaut, 2002: 182, 183, 192).

No século seguinte, Thomas Hobbes retoma a questão (em *De Cive*, 1642 ; *Leviathan*, 1651). Em *De Cive* (Capítulo IX: "Sobre o direito dos pais e das mães sobre os seus filhos e sobre o reino patrimonial"), refuta a fundamentação naturalista do *pater potestas*:

assim como o poder do Estado é limitado pelo seu dever de garantir a segurança dos cidadãos, também o poder paternal deve ser limitado pelo direito dos filhos à vida. É um avanço revolucionário, nota Renaut, «na desconstrução e na dessacralização do direito paternal», mas que não foi longe: depois, o princípio tradicional do poder paternal «regressa em força», embora «sobre bases modernas», as do contratualismo. «Em Hobbes, a criança ainda não tem senão um único direito (que é o de conservar a vida) e o pai não tem senão um único dever (que é o de conservar o seu filho com vida) mas, para além disso, todos os direitos estão do lado do pai e todos os deveres do lado do filho» (Renaut, 2002 : 187, 189, 193). É certo que, nos dois séculos que separam o Renascimento da Revolução Francesa, alguns direitos paternos foram limitados, sob a influência da Igreja, mas outros foram reforçados pelo poder público, quando estava em jogo o seu interesse e o das classes aristocráticas. DeMause escreve:

> Em princípios do século XVII, o poder legal de um pai sobre a sua família era quase absoluto. Jean Bodin tinha exposto a filosofia dominante que legitimava uma autoridade paterna que se estendia mesmo à vida ou morte da prole. Numa revisão das leis penais, feita em 1611, enumeram-se as condições em que um pai tem o direito de matar um filho ou uma filha adultos. Os seus direitos sobre os filhos mais pequenos talvez não fosse necessário defini-los formalmente. (DeMause, 1974: 317)

Entretanto, um outro capítulo da história da infância estava em vias de abrir-se, com a emergência da Modernidade.

Modernidade é um termo recente. A sua paternidade é atribuída a Théophile Gautier e Charles Baudelaire, por volta de 1850. Na sua acepção mais genérica e consensual, define-se por oposição a Tradição. Designa principalmente a ruptura histórica que, na Europa, tem as suas origens no Renascimento, em fins do séc. XV e princípios do séc. XVI, uma época marcada, nomeadamente, pelas obras de Leonardo de Vinci (nascido em 1452) e de Miguel Ângelo (nascido em 1475), e acontecimentos como a invenção da imprensa (cerca de 1440), a 'descoberta' da América por Cristóvão Colombo (1492), a publicação do *Príncipe* de Maquiavel (1513), a afixação das 95 teses de Lutero na porta da Igreja do Castelo de Wittemberg (1517).

Um capítulo do processo de 'libertação' iniciado nos tempos modernos é a história europeia da *libertação das crianças* (Renaut,

2002). A modernização do seu estatuto foi, porém, um processo muito lento, como documenta Renaut, que destaca as contribuições de Erasmo de Roterdão, John Locke e Jean-Jacques Rousseau, em particular.

Na opinião de Renaut: «Foi Erasmo quem, no termo do movimento pré-humanista, exprime em 1529, do modo mais expressivo, a relação que se desenhou nas décadas anteriores [...] entre uma nova ideia da humanidade, uma outra representação da infância e uma concepção inédita da educação». Em *De pueris instituendis*, esboça uma pedagogia do jogo e critica fortemente os castigos que bestializam a criança, tendo sido «um dos primeiros a desejar expressamente que as leis humanas procurem "moderar o poder do pai"» (p. 165, 171).

O *Second Tract of Government* (Segundo tratado sobre o governo, 1662) de Locke constitui «um dos momentos-chave no processo pelo qual foi tematizada uma nova configuração do laço familiar, reestruturado à luz dos valores de modernidade», deixando «muito para trás, na história da infância, a configuração hobbesiana», continua Renaut (p. 119). Por um lado, Locke substitui expressamente a autoridade paternal pela autoridade parental. Por outro, esta autoridade já não pode ser nem absoluta nem arbitrária, dado que todos os seres humanos são iguais e cada um tem o mesmo direito à liberdade. Em consequência, «o poder dos pais e os seus direitos sobre o filho, que se tornam apenas provisórios e temporários, não são nada mais, de facto, que o conjunto dos deveres que têm para com ele: não só o dever de conservar a sua vida, mas também o de educá-lo para a liberdade como autonomia», pois «já não são, de modo nenhum, concebidos como proprietários dos filhos» (p. 193).

Locke colocou, assim, «a base de partida para uma representação moderna da infância» (p. 192) que faz «da primeira idade da vida aquela em que se decide todo o devir do indivíduo» (p. 198). Foi também «um dos primeiros a perceber com tanta profundidade as exigências de uma educação para a liberdade, um projecto educativo para a primeira infância que antecipava aquilo que foi a história efectiva da educação» (p. 200). No entanto, se «do ponto de vista do direito da família, mesmo do direito da criança, se encontra aqui o essencial, senão conquistado pelo menos tematizado, pela primeira vez, com tal amplitude [...], um dos limites da tentativa lockiana era o de estar prisioneira no quadro de uma representação da infância como carência ou negatividade» (p. 293). É uma representação, «característica da cultura cristã», que desconhece a especificidade da criança, vista «como uma criatura imperfeita, pervertida pelo pecado original, cuja espontaneidade deve ser, portanto, em parte, reprimida pelo educador». Esta ambivalência «marcou duradouramente a nossa modernidade» (p. 225).

Renaut observa que Rousseau não foi mais longe do que Locke «em tudo o que toca à decomposição da autoridade paternal» (p. 250), e a sua visão do papel da mulher não está à altura da globalidade do seu pensamento. Todavia, não excluiu a família da lógica política do *contrato*, como princípio do *Direito Novo* da Revolução Francesa, e introduziu uma «abordagem contratualista do laço conjugal» (p. 267) em que a relação com a infância é pensada e praticada segundo uma dialéctica da igualdade e da diferença que tem em conta tanto a sua humanidade como a sua especificidade. «Deixai amadurecer a infância nas crianças» – escreveu no *Émile*. Uma fórmula que «revoluciona a percepção da relação entre infância e idade adulta», significando uma «revolução coperniciana (no sentido de uma mudança de ponto de vista ou de perspectiva sobre o objecto)» (p. 289, 290).

O «momento Rousseau» é geralmente considerado como «um momento essencial desta revolução na atitude para com a infância que, depois de Philippe Ariès, nos habituamos a situar no decurso dos séculos XVII e XVIII» (p. 281). E Renaut conclui:

> Libertando progressivamente os seres humanos das suas sujeições tradicionais, a modernidade imprimiu às relações de poder ou de autoridade uma dimensão contratual, em virtude da qual já não há tendencialmente poder que possa exercer-se, hoje, sem procurar obter o reconhecimento ou adesão daqueles sobre os quais se exerce. [...] Neste sentido, a libertação das crianças corresponde a uma incontestável vitória da civilização e do direito sobre a barbárie e a opressão. (p. 387)

Segundo Pierre Murat, em Rousseau «encontram-se as ideias que todos os oradores da Revolução retomarão e às quais permanecerão fiéis os três projectos de Código Civil que Cambacères apresentará» (Murat, 1989: 393). A Revolução Francesa aboliu o *patria potestas* a 28 de Agosto de 1792, mas ele regressou, embora atenuado, no Código Civil Francês. O Código de Napoleão tinha 2281 Artigos e determinava as regras do casamento, da filiação, da herança e da educação dos filhos. O seu Título IX, denominado "Do poder paternal", consagrava a superioridade da família legítima, do marido e do pai, bem como a distinção entre filhos legítimos e ilegítimos. O Artigo 373 reconhecia ao pai o "direito de correcção", que incluía o direito de solicitar a um juiz a detenção de um filho menor[6].

A concepção revolucionária do casamento e da família cedeu a uma concepção em que a *pietas* (piedade) deveria contrabalançar o *potestas* (poder). A célula de base da sociedade nova continuou a ser a família legítima, e a sua figura central "o bom pai de família", na expressão do Código. O poder paternal recuperou «o legítimo império que nunca deveria ter perdido», no dizer de Jacqueminot (cit. in Lévy, 1989: 511).

Como sublinha Renault, a identidade infantil é paradoxal: «a criança é, desde já, um ser humano, mas sem ser ainda um ser completo na sua humanidade, ou seja, como liberdade» (Renault, 2002: 281). Por isso, a relação com a criança «não pode ser pensada senão como uma relação, ao mesmo tempo, de igualdade e desigualdade em direitos. [...] Neste sentido, a dinâmica da subjectivação que presidiu à modernização do estatuto da infância não podia ficar completa sem fazer da própria criança, porque é um ser humano, um titular de direitos que limitam a possibilidade de a tratar de qualquer maneira» (p. 28, 317).

O reconhecimento da criança como titular de direitos começa a abrir caminho no séc. XIX, «período em que se efectua a transformação do estatuto das crianças e em que se forja o estado de infância» (Laberge, 1985: 73).

1.3. **Reconhecimento e direitos**

O séc. XIX é um tempo de descoberta da criança-vítima da família e da sociedade. Como constata DeMause, «foi no século XIX que os poderes públicos começaram a pensar nas crianças como tais,

[6] «Desta época apenas resta o texto, que continua colocado à cabeça do capítulo consagrado à autoridade parental, pelo seu carácter simbólico, em virtude do qual "a criança, em qualquer idade, deve honra e respeito aos seus pai e mãe" (Código Civil, Artigo 371)» (Leonetti, 2009: 26).

com necessidades especiais, dada a sua vulnerabilidade e desamparo, e não como adultos pequenos, com direito a prestar os seus serviços durante dezasseis horas por dia ou como escravos dos pais» (DeMause, 1974: 470, 471). Começa a era da *child-saving*. O Estado intervém cada vez mais frequentemente para controlar o exercício do poder paternal e proteger as crianças através de legislação sobre os jardins-de-infância, os asilos, o trabalho infantil e a frequência escolar. A "protecção especial" da criança tornou-se o princípio de um Direito da Infância em formação. A mudança de mentalidade e de atitude está patente, por exemplo, na decisão de um Tribunal de Filadélfia (EUA), em 1838, a propósito do internamento de uma rapariga numa instituição:

> A *House of Refuge* não é uma prisão, mas uma escola. [...] Com esse fim, os pais naturais, quando são incapazes ou indignos de desempenhar as suas tarefas de educação, não deveriam ser substituídos pelo *parens patria*, o guardião comum da comunidade? Devemos lembrar-nos de que o público tem o mais elevado interesse na virtude e no saber dos seus membros e de que as questões da educação lhe competem de pleno direito. [...] O controlo parental é um direito natural, mas não é inalienável. (cit. in Laberge, 1985: 77-78)

Danielle Laberge comenta: «Esta decisão do tribunal reflectia claramente a ideologia que estará subjacente ao desenvolvimento das modalidades de intervenção junto das crianças» (p. 78). Em sua opinião: «O controlo do trabalho e a obrigação de frequentar a escola representam dois dos aspectos decisivos na constituição definitiva da infância» (Laberge, 1985: 88).

O trabalho das crianças foi sempre explorado. Até ao séc. XIX, considerava-se normal que as crianças contribuíssem para o sustento das famílias mais pobres. Mas a exploração do trabalho infantil agravou-se com a industrialização. Foi denunciada por Friedrich Engels, nomeadamente, em *A situação da classe operária em Inglaterra* (1845): «Os industriais [...] começam a empregar crianças aos seis anos, muitas vezes aos sete e, na maior parte dos casos, aos oito ou nove anos; a jornada de trabalho é de catorze a dezasseis horas (sem incluir o tempo das refeições) e os patrões deixam os contra-mestres maltratar e bater nas crianças, quando não o fazem pessoalmente» (cit. in Becchi, 1996a: 202).

Uma lei sobre o trabalho infantil foi adoptada em 1834, na Inglaterra, proibindo empregar crianças com menos de nove anos, limitando a sua jornada de trabalho a nove horas e impondo a obrigação de duas horas de escola por dia. Leis semelhantes foram aprovadas na Prússia (1839) e em França (1841). Sem grandes efeitos, todavia.

Em 1890, a Conferência Internacional de Berlim sobre a regulamentação do trabalho recomendou aos países europeus fixar aos doze anos a idade legal para trabalhar e em seis horas a sua duração quotidiana, proibir o trabalho nocturno antes dos dezasseis anos e velar pela saúde e segurança dos jovens trabalhadores.

Entretanto, aparecem Sociedades Protectoras da Infância (mas só depois das Sociedades Protectores dos Animais...). A anomalia desta precedência histórica é ilustrada pelo *Caso Mary Ellen*, em 1874, em Nova Iorque: uma trabalhadora social encontrou uma menina espancada, acorrentada a uma cama e alimentada só a pão e água, mas para apresentar queixa contra os pais teve de invocar a legislação de protecção dos animais, com o argumento de que uma menina, afinal, também pertence ao reino animal, como um gato ou um cão (in Van Bueren, 1995: XXI).

As últimas décadas do séc. XIX «vêem multiplicar-se os debates, os congressos, nacionais e internacionais, sobre a protecção da infância, sobre a higiene do aleitamento, sobre o emprego de mão-de-obra infantil e a assistência às mães que trabalham» (Corsini, 1996: 302). O conhecimento da criança e a medicina infantil progridem significativamente (o termo 'pediatria' data de 1872). A Associação Internacional para a Protecção da Infância realiza o seu primeiro congresso em Paris, em 1883. Nos anos 1890, começa na Europa e nas Américas um movimento para uma Educação Nova ou Escola Nova, pujante durante a primeira parte do séc. XX.

O séc. XIX termina e o séc. XX começa com a publicação, em 1900, por Ellen Key (1849-1926), na Suécia, de um livro com um título emblemático: *O século da criança*. Muito influenciada por Rousseau, republicana e radicalmente amante da liberdade, o seu livro é um visionário manifesto em favor da infância, rapidamente traduzido em várias línguas. O termo *direitos* é frequente, sobretudo com referência às mulheres. Lê-se, a certa altura:

Num drama muito conhecido intitulado *O filhote do leão*, há o seguinte diálogo entre um velho e um jovem:
O velho – O próximo século será o século da criança, tal como este foi o século da mulher. Quando a criança tiver os seus direitos, a moralidade será perfeita. (p. 45)

Embora a expressão *direitos da criança* se encontre já no séc. XIX (por exemplo, num artigo intitulado "The Rights of Children", publicado nos EUA em 1852), o reconhecimento dos direitos da criança é um acontecimento do séc. XX, quando a criança entrou na agenda internacional. Aparecem Organizações Não-Governamentais (ONGs) dedicadas à sua protecção e bem-estar. A Sociedade das Nações, fundada em 1919 pelo *Tratado de Versalhes*, que pôs fim à Primeira Guerra Mundial, toma medidas de protecção da infância. A Organização Internacional do Trabalho (OIT), criada no quadro do *Tratado de Versailles* (Parte XIII), adopta instrumentos jurídicos internacionais sobre o trabalho das crianças, que abrem a porta ao reconhecimento dos seus direitos.

Os direitos da criança emergem no Direito Internacional a 26 de Setembro de 1924, data em que a Assembleia Geral da Sociedade das Nações adoptou, por unanimidade, a *Declaração dos direitos da criança* (ou *Declaração de Genebra*, como ficou conhecida)[7]. Esta Declaração seminal fora aprovada em 1923 pela *Union Internationale de Secours aux Enfants* (em inglês: *International Save the Children Union*), criada em 1920 com o patrocínio do Comité Internacional da Cruz-Vermelha. Foi redigida por Eglantyne Jebb (1876-1928), fundadora da *Union Internationale de Secours aux Enfants*, num domingo do Verão de 1922, no silêncio das alturas do monte *Salève*, sobranceiro ao lago *Léman*, em Genebra.

A *Declaração de Genebra* foi o primeiro texto internacional sobre direitos humanos adoptado por uma Organização Intergovernamental (OIG), embora a palavra 'direito' só apareça no seu título. A este propósito, Janusz Korczak (1878-1942) – pediatra, escritor e pedagogo polaco, talvez o mais proeminente precursor da ideia de "direitos da criança" – escreveu em *O direito da criança ao respeito* (1928): «Os legisladores de Genebra confundiram as noções de dever

[7] V. www.un-documents.net/gdrc1924.htm

e de direito; o tom da sua declaração é o de um pedido, não de uma exigência; um apelo à boa vontade, à compreensão»[8].

A *Declaração de Genebra* deu um impulso irreversível ao movimento pelos direitos da criança. Em 1948, Ariès escrevia, parafraseando um panfleto escrito em 1789 por Emmanuel-Joseph Sieyès, intitulado *Qu'est-ce que le tiers état?*: «Passa-se com a criança o mesmo que com o terceiro estado [o povo], segundo Sieyès. Por volta de 1780-1820, podia dizer-se: o que era ela, ontem? Nada. O que será ela amanhã? Tudo» (cit. in Becci et Julia, 1996: 14). Nesse mesmo ano, a proclamação da *Declaração universal dos direitos humanos* pela Assembleia Geral das Nações Unidas – a nova organização internacional que sucedera à Sociedade das Nações em 1945 – motivou uma campanha em favor de outra Declaração dos direitos da criança. Em 1959, a mesma Assembleia Geral proclamou, por unanimidade, a *Declaração dos direitos da criança*, que foi considerada um documento revolucionário. Entretanto, em 1946, a Organização das Nações Unidas criara o *International Children's Emergency Fund* (ICEF) que, em 1953, adquiriu um estatuto permanente com o nome de *United Nations Children's Found*, cuja sigla actual (UNICEF) conserva o acrónimo anterior.

A partir dos anos 1960, começou a «democratização da família, que implica igualdade dos seus membros e o respeito dos direitos de cada um», como disse a Assembleia Parlamentar do Conselho da Europa, em 1988, na sua *Recomendação 1074 (1988) sobre a política da família* (ponto 9)[9]. O espírito dos "direitos da criança" começou a penetrar nos sistemas jurídicos nacionais. Em França, por exemplo, a expressão "poder paternal" foi substituída pela expressão "autoridade parental", no Título IX do Livro primeiro do Código Civil (Lei n.º 7000-459, de 4 de Junho de 1970). O Direito da Família tornou-se progressivamente *pedocêntrico*.

Contudo, os "direitos da criança" continuavam a ser um *slogan in search of a definition*[10]. Prevalecia uma abordagem assistencial da

---

[8] Korczak dirigia uma Casa dos Órfãos, no *Ghetto* de Varsóvia, quando, a 6 de Agosto de 1942, tropas nazis o levaram, com 190 crianças (dos 7 aos 18 anos) para o campo de concentração de Treblinka, onde foram exterminados nas câmaras de gás.

[9] V. http://assembly.coe.int/Documents/AdoptedText/ta88/erec1074.htm

[10] H. Rodham, "Children under the law", *Havard Education Review*, 1973, 43, 487.

criança como *menor* e *objecto* de Direito, mais do que como *sujeito de direitos*.

Em 1976, a Assembleia Geral das Nações Unidas, correspondendo a propostas das ONGs das crianças, decidiu que 1979 – ano do 20.º aniversário da Declaração de 1959 – seria Ano Internacional da Criança. Foi neste contexto que a Polónia (pátria de Janusz Korczak) apresentou à XXXIV.ª sessão da Comissão dos direitos humanos (Nações Unidas), em 1978, um projecto de *Convenção sobre os direitos da criança*, para que a sua adopção fosse o grande acontecimento do Ano Internacional da Criança.

O projecto polaco suscitou, no entanto, vários tipos de críticas: em tempos de 'guerra fria', a sua apresentação não tinha sido bem conduzida diplomaticamente; reflectia as posições dos regimes pro-soviéticos em matéria de direitos humanos, ao privilegiar os direitos económicos, sociais e culturais; muito decalcado na Declaração de 1959, para suscitar a maior adesão possível, não era juridicamente satisfatório, não contendo, designadamente disposições de aplicação; outro argumento contra a pressa polaca era a vantagem de esperar pelos resultados do Ano Internacional da Criança e preparar, com mais tempo, um texto actualizado e mais ambicioso. A Polónia acabaria por apresentar um novo projecto de Convenção, mais completo e elaborado, em 1980, que foi revisto em 1981. Este projecto tornou-se a base de trabalho do Grupo de Trabalho de composição não limitada (*open-ended Working Group*) para a elaboração da Convenção, criado pela Comissão dos direitos humanos, que passou a reunir anualmente.

O Grupo de Trabalho estava aberto à participação dos Estados representados na Comissão dos direitos humanos (43), de todos os Estados Membros das Nações Unidas como "observadores", de todas as OIGs, bem como das ONGs com estatuto consultivo junto do Conselho Económico e Social das Nações Unidas (ECOSOC). Durante a primeira metade dos anos 1980, apenas delegações de cerca de trinta países (a maior parte dos quais países industrializados) participaram nos *travaux préparatoires* (trabalhos preparatórios) da Convenção. Ausentes estiveram também as OIGs, nomeadamente a UNICEF, e pouco presentes e descoordenadas as ONGs das crianças, designadamente a sua principal federação – *International Union for the Child Welfare*.

Em 1983, quando o delegado da ex-URSS observou que, a manter-se aquele ritmo, seriam necessários 22 anos para concluir o projecto de Convenção, as coisas mudaram. O degelo nas relações Este-Oeste também criou um contexto internacional mais favorável. As ONGs organizaram-se e formaram um *Grupo Ad Hoc* (*NGO Consultation*), apoiado pela UNICEF e secretariado pela *Défense des Enfants – International* (Genebra). A partir de então, tiveram um papel inédito e fundamental na elaboração da Convenção. Nigel Cantwell, que foi coordenador e porta-voz do *Grupo Ad Hoc* conta o seguinte episódio:

> Em meados dos anos 1980, a representante de um membro do Grupo ONG (*Rädda Barnen International*) decidiu convidar todos os delegados – tanto governamentais como não governamentais – para um serão informal. Como era inverno (Janeiro), o prato principal oferecido era a "tradicional sopa de ervilhas sueca". Com cinquenta ou sessenta pessoas de pé, apertadas umas contra as outras no seu relativamente pequeno apartamento de Genebra, procurando desesperadamente não entornar sopa ou vinho tinto, as barreiras foram rapidamente quebradas. "Leste" e "Oeste" estavam finalmente a falar – nesta bem diferente espécie de "grupo de projecto". A atmosfera nas sessões do Grupo de Trabalho melhorou definitivamente e significativamente: como é que alguém não poderia iniciar uma cooperação amigável com alguém que, na noite anterior, se tinha preocupado em evitar-lhe uma cara factura de limpeza [da roupa]? O evento-piloto teve tanto sucesso que o "serão de sopa de ervilhas" tornou-se um ponto da agenda anual do Grupo de Trabalho ansiosamente esperado. (Cantwell, 2007: 23-24)

Iniciado no contexto do 20.º aniversário da *Declaração dos direitos da criança* (1979), o processo de elaboração da Convenção só ficaria concluído uma década depois. Uma das razões da lentidão dos trabalhos foi a preocupação do consenso, sempre procurado pelo Presidente do Grupo de Trabalho, anualmente reeleito por aclamação, o Prof. Adam Lopatka (Polónia). Essa preocupação e a pressão para que a Convenção fosse concluída a tempo de ser adoptada na data simbólica de 1989 – 30.º aniversário da Declaração de 1959 – obstaram à adopção de algumas propostas menos consensuais e obrigaram a aceitar outras, apesar de controversas (a mais polémica das quais foi aquela que permitia a participação directa de crianças com apenas quinze anos em conflitos armados, disposição alterada em

2000). A contrapartida da adopção de um texto consensual viria a ser a sua tão rápida aceitação universal.

A *Convenção sobre os direitos da criança* foi adoptada pela Assembleia Geral das Nações Unidas, por consenso, a 20 de Novembro de 1989. Aberta à assinatura a 26 de Janeiro de 1990, na sede das Nações Unidas, em Nova Iorque, a Convenção foi assinada, nesse mesmo dia, por 61 Estados, um facto sem precedentes. Sem precedentes foi também a sua entrada em vigor a 2 de Setembro de 1990, menos de um ano depois da sua adopção. Estava em marcha a universalização do reconhecimento dos direitos da criança.

No movimento pelo reconhecimento dos direitos da criança, no séc. XX, participou um sem número de seres humanos amantes e militantes. Como acontece em todos os movimentos históricos de libertação, há nomes que se destacam e ficam mais conhecidos. Entre eles:

- Ellen Key, que disse em *O século da criança* (1900), referindo-se às crianças: «Elas têm deveres e direitos tão firmemente estabelecidos como os dos seus pais; e são elas próprias tão respeitadas como ensinadas a respeitar os outros» (p.199).
- Janusz Korczak, que escreveu em *Como amar uma criança* (1919/20), depois de se referir à «*magna charta libertatis*, a dos direitos da criança», num comentário acrescentado na edição de 1929: «penso que o principal e mais indiscutível dos direitos da criança é o que lhe permite exprimir livremente as suas ideias» (secção 37).
- Françoise Dolto, que disse no seu livro *La cause des enfants* (1985): «A criança não tem todos os direitos, mas só tem direitos. Os pais não têm nenhum direito sobre a sua pessoa: apenas têm deveres» (Dolto, 1985: 285).

Entretanto, em 1954, a Assembleia Geral das Nações Unidas recomendara «que a partir de 1956 todos os países instituam um Dia Mundial da Infância», a celebrar «em data e do modo que cada um entenda apropriados» (par. 2)[11]. No âmbito das Nações Unidas, é

[11] V. http://daccessdds.un.org/doc/RESOLUTION/GEN/NR0/096/72/IMG/NR009672.pdf?OpenElement

celebrado a 20 de Novembro, dia da proclamação da Declaração de 1959 e da adopção da Convenção de 1989. Esta é a data universal, mas as datas são variáveis, no plano nacional. Em Portugal, é celebrado no dia 1 de Junho.

2
Convenção sobre os Direitos da Criança

2.1. Conteúdo da Convenção

Comecemos por recordar que, para efeitos da Convenção, «criança é todo o ser humano menor de 18 anos, salvo se, nos termos da lei que lhe for aplicável, atingir a maioridade mais cedo» (Artigo 1). É uma definição que abrange, portanto, faixas etárias com diferentes níveis de desenvolvimento, necessidades e possibilidades, implicando uma aplicação diferenciada da Convenção[12].

A *Convenção sobre os direitos da criança* é um instrumento do Direito Internacional dos Direitos Humanos que se distingue por estas características:

---

[12] Sobre a distinção entre crianças e jovens, lê-se num Relatório do Provedor de Justiça (Portugal):

A CRP [Constituição da República Portuguesa] não concretiza o sentido normativo de ambos os grupos de pessoas, cuja distinção não se crê ser, em todo o caso, juridicamente estanque. Quanto ao conceito de "criança", não deixará de relevar o disposto no art.º 1 da Convenção sobre os Direitos da Criança, determinando a lei civil portuguesa que «é menor quem não tiver ainda completado dezoito anos de idade» (art.º 122 CC) [Código Civil]. Já quanto ao conceito de "jovem", uma visão sistemática do ordenamento jurídico nacional permite concluir que o mesmo não se limita à faixa etária que ronda o alcance da maioridade, estendendo-se para além desta. O conceito de "adolescente", por seu turno, não obstante afigurar-se *a priori* indeterminado no plano jurídico, releva, desde logo, na legislação penal, enquanto respeitando a menores entre os 14 e os 16 anos de idade (art.º 173 CP) [Código Penal]. (Provedor de Justiça, 2008: 179)

No Brasil, o "Estatuto da Criança e do Adolescente" (Lei n.º 8 069, de 13 de Julho de 1990) faz esta distinção: «Considera-se criança, para efeitos desta Lei, a pessoa até doze anos de idade incompletos, e adolescente aquela entre doze e dezoito anos de idade» (Artigo 2).

(V. www81.dataprev.gov.br/sislex/paginas/33/1990/8069.htm)

– É um Tratado, portanto um instrumento jurídico internacional obrigatório[13].
– É o Tratado mais extenso e mais amplo sobre os direitos humanos, enunciando todas as categorias de direitos: civis, culturais, económicos e sociais (com excepção dos direitos políticos, cujo exercício está sujeito a uma reserva de idade mínima)[14].

---

[13] De acordo com o Artigo 2.1 da *Convenção de Viena sobre o Direito dos Tratados* (1969):

(a) "tratado" significa um acordo internacional feito entre Estados, sob forma escrita e regido pelo direito internacional, formado por um instrumento ou por dois ou mais instrumentos conexos, e seja qual for a sua designação;
(b) "ratificação", "aceitação", "aprovação" e "acessão" significa, em cada caso, o acto internacional assim designado através do qual um Estado exprime, no plano internacional, o seu consentimento em ser obrigado pelo tratado;

Segundo o Artigo 24.1: «Um tratado entra em vigor nos termos e na data nele previstos ou de acordo com o que os Estados negociadores possam decidir». Geralmente, cada tratado estabelece, nas suas disposições finais, o número mínimo de ratificações necessárias para a sua entrada em vigor. Para os Estados que a ele aderirem posteriormente, o tratado entra em vigor na data de adesão (Artigo 24.3), salvo disposição diferente. (V. http://untreaty.un.org/ilc/texts/instruments/english/conventions/1_1_1969.pdf)

A este respeito, a *Convenção sobre os direitos da criança* dispõe, no Artigo 49:

1. A presente Convenção entra em vigor no trigésimo dia a seguir à data de depósito, junto do Secretário-Geral das Nações Unidas, do vigésimo instrumento de ratificação ou acessão.
2. Para cada Estado que ratifique ou aceda à Convenção depois do depósito do vigésimo instrumento de ratificação ou de acessão, a Convenção entra em vigor no trigésimo dia a seguir ao depósito por esse Estado do seu instrumento de ratificação ou acessão.

[14] Segundo um Relatório do Secretariado das Nações Unidas sobre o papel da UNICEF na aplicação da Convenção, ela é, «em muitas das suas disposições, o mais inovador dos instrumentos dos direitos humanos redigidos pela comunidade internacional». Pela sua abordagem holística ou global dos direitos humanos, «a Convenção representa um acontecimento na evolução da legislação internacional sobre os direitos humanos, pois marca uma viragem relativamente à separação dos direitos humanos entre direitos civis e políticos, por um lado, e direitos económicos, sociais e culturais, por outro» (Nações Unidas, 1991: 6). De facto, só por uma vez a Convenção menciona separadamente os «direitos económicos, sociais e culturais» (Artigo 4). Antes, a *Convenção sobre a eliminação de todas as formas de discriminação contra a mulher* (1979) também tinha incorporado todas as categorias de direitos. Depois, a *Convenção internacional sobre a protecção dos direitos de todos os trabalhadores migrantes e dos membros das suas famílias* (1990) adopta a mesma visão da unidade dos direitos humanos, que também se encontra na *Carta dos direitos fundamentais* da União Europeia (2000).

– É o instrumento jurídico internacional mais completo sobre os direitos da criança:

- enuncia direitos novos (como o direito de preservar a sua identidade, o direito à sua cultura natal, o direito de conhecer os seus direitos);
- universaliza direitos que, até então, apenas tinham sido reconhecidos no plano regional ou pela jurisprudência (como o direito da criança a ser ouvida nos processos judiciais ou administrativos que lhe digam respeito);
- reúne todos os direitos da criança (que estavam dispersos em mais de 80 instrumentos internacionais, no plano universal e regional, abundância que era um dos argumentos dos opositores à necessidade da Convenção);
- eleva o seu nível de protecção: tornando obrigatórias normas que, até então, apenas tinham sido objecto de recomendações (como as garantias em caso de adopção e os direitos das crianças com incapacidades); impondo novas obrigações aos Estados (como abolir práticas tradicionais que violem os direitos da criança e tomar medidas a favor das crianças vítimas); reforçando a interdição de discriminação.

– É o mais universal dos instrumentos do Direito Internacional dos Direitos Humanos[15].
– É o texto jurídico mais traduzido no mundo, depois da *Declaração universal dos direitos humanos.*

A Convenção é formada por um Preâmbulo, três Partes e 54 Artigos.

- O Preâmbulo evoca, nomeadamente, a *Declaração de Genebra* (1924), a *Carta das Nações Unidas* (1945), a *Declaração universal dos direitos humanos* (1948), a *Declaração dos direitos da criança* (1959), o *Pacto internacional sobre os direitos civis e políticos* e o *Pacto internacional sobre os direitos*

[15] Nesta data (Setembro de 2009), a Convenção já foi assinada por todos os Estados do mundo (195), mas dois ainda não a ratificaram: os EUA (que a assinaram em 1995) e a Somália (que a assinou em 2002).

económicos, sociais e culturais (1966). E recorda o princípio de não-discriminação, a função da família, os valores que devem inspirar a educação, as necessidades afectivas da criança, a sua particular necessidade de protecção (designadamente as mais desprotegidas), a importância das tradições e valores culturais, assim como a necessidade da cooperação internacional.

– A Parte I (Artigos 1 a 41) começa pela definição de criança (Artigo 1) e enuncia os direitos que lhe são reconhecidos, assim como as correspondentes obrigações dos Estados Partes[16]:

- Não-discriminação (Artigo 2)
- Interesse superior da criança (Artigo 3)
- Obrigações gerais dos Estados Partes (Artigos 3 e 4)
- Responsabilidades, direitos e deveres da família (Artigo 5)
- Direito à vida, à sobrevivência e ao desenvolvimento (Artigo 6)
- Direito a um nome e a uma nacionalidade (Artigo 7)
- Direito à preservação da identidade (Artigo 8)
- Separação dos pais (Artigo 9)
- Reunificação familiar (Artigo 10)
- Transferência ilícita para o estrangeiro (Artigo 11)
- Direito à opinião e liberdades de expressão, de pensamento, de consciência, de religião e de associação (Artigos 12 a 15)
- Protecção da vida privada (Artigo 16)
- Acesso à informação adequada (Artigo 17)
- Responsabilidades dos pais na educação dos filhos (Artigo 18)
- Protecção contra todas as formas de violência (Artigo 19)
- Criança privada do meio familiar (Artigo 20)
- Adopção (Artigo 21)
- Criança refugiada (Artigo 22)
- Criança diminuída mentalmente ou fisicamente (Artigo 23)
- Cuidados de saúde (Artigo 24)
- Revisão periódica de medidas de colocação (Artigo 25)
- Segurança social (Artigo 26)

[16] De acordo com a referida Convenção de Viena (Artigo 2.1.g), «"parte" significa um Estado que consentiu em vincular-se a um tratado e para o qual o tratado está em vigor».

- Bem-estar (Artigo 27)
- Educação (Artigos 28 e 29)
- Criança pertencente a um grupo minoritário ou indígena (Artigo 30)
- Repouso, jogo e actividades culturais (Artigo 31)
- Protecção contra a exploração económica (Artigo 32)
- Protecção contra o consumo de drogas e o envolvimento na sua produção e consumo (Artigo 33)
- Protecção contra a exploração e o abuso sexuais (Artigo 34)
- Protecção contra o rapto, a venda e o tráfico (Artigo 35)
- Protecção contra todas as formas de exploração (Artigo 36)
- Protecção contra a tortura e outras formas de tratamento ou punição cruel, desumana ou degradante, e em caso de detenção ou prisão (Artigo 37)
- Participação em conflitos armados (Artigo 38)
- Readaptação física, psicológica e reintegração da criança vítima (Artigo 39)
- Criança perante a justiça (Artigo 40)
- Princípio da aplicação das normas mais favoráveis (Artigo 41)

– A Parte II (Artigos 42 a 45) enuncia disposições relativas à aplicação da Convenção:

- Difusão da Convenção (Artigo 42)
- Criação de um Comité dos direitos da criança (Artigo 43)[17]
- Apresentação de relatórios pelos Estados Partes (Artigo 44)
- Cooperação entre o Comité e outras organizações especializadas das Nações Unidas, incluindo o poder do Comité de fazer recomendações à Assembleia Geral (Artigo 45)

– A Parte III (Artigos 46 a 54) contém disposições diversas relativas à assinatura, ratificação, entrada em vigor, propostas de alteração, reservas, denúncia, depositário e línguas oficiais da Convenção.

[17] Comités de direitos humanos são órgãos das Nações Unidas instituídos, em geral, por um Tratado, para controlar a sua aplicação pelos Estados Partes. O seu instrumento principal de controlo é o exame dos Relatórios que os Estados se comprometem a apresentar regularmente.

As normas substanciais da Convenção formam três grupos de direitos:

- Os direitos humanos gerais, isto é, reconhecidos a todo o ser humano (com excepção dos direitos políticos), como o direito à vida, o direito à identidade, o direito à liberdade, o direito à igualdade, o direito à saúde, o direito à educação, etc.
- Direitos da criança especiais, isto é, exigidos:
  - pela importância dos seus laços familiares, como o direito de não ser separada dos pais, sem razão muito forte, e de manter relações pessoais com cada um deles, em caso de separação.
  - pela imaturidade, dependência, vulnerabilidade e necessidades de desenvolvimento da criança, como a protecção contra todas as formas de negligência, violência e de exploração;
  - pelas necessidades particulares de grupos mais vulneráveis de crianças, como as que têm limitações físicas ou psíquicas, as crianças filhas de pais divorciados, as crianças colocadas em instituições alternativas, as crianças que pertencem a minorias, as crianças imigrantes, as crianças refugiadas, as crianças em conflito com a lei, as crianças que estão presas, etc.;
  - pela especificidade psicológica da infância, como o direito ao jogo e a outras actividades próprias da sua idade.

Os direitos da criança podem ser sintetizados em *Três Ps*:

- *Prestação*: direitos relativos à satisfação das suas necessidades básicas e de desenvolvimento.
- *Protecção*: direitos relativos à prevenção e reparação da violação dos seus direitos.
- *Participação*: direitos relativos à expressão e valorização da sua opinião em todas as decisões que lhe digam respeito.

Os direitos de participação são os mais ousados: são principalmente os direitos à liberdade de opinião (Artigo 12), de expressão (Artigo 13), de pensamento, de consciência, de religião (Artigo 14), de associação e de reunião (Artigo 15).

Foi a Administração de Ronald Reagan que, quando o projecto de Convenção se tornou irreversível, se empenhou, ainda no clima de *guerra fria*, na inclusão dos direitos civis e políticos reconhecidos no correspondente Pacto Internacional de 1966, com excepção dos direitos políticos. A delegação da ex-URSS (União das Repúblicas Socialistas Soviéticas) e de outros Estados sob a sua influência opunham-se às propostas norte-americanas.

Entre as liberdades reconhecidas à criança, a mais polémica foi, sem dúvida, a liberdade de religião, que foi sempre objecto de contestação pelos Estados islâmicos, onde a *Shariah* (lei islâmica) manda que a criança tenha a religião do pai e não possa renunciar a ela. Mas também a Santa Sé considera que os pais têm o direito de educar os filhos de acordo com as suas convicções religiosas e morais, como parte do direito de manifestar a sua própria religião. Quando ratificou a Convenção, formulou uma reserva dizendo que «interpreta os artigos da Convenção de um modo que salvaguarde os direitos primários e inalienáveis dos pais, em particular os direitos relativos à educação (arts. 13 e 28), à religião (art. 14), à associação com outros (art. 15) e à privacidade (art. 16)»[18].

A Convenção já foi reforçada por dois Protocolos adoptados pela Assembleia Geral das Nações Unidas em 2000, que entraram em vigor em 2002:

- *Protocolo facultativo à Convenção sobre os direitos da criança relativo à venda de crianças, à prostituição de crianças e à pornografia implicando crianças*[19].
- *Protocolo facultativo à Convenção sobre os direitos da criança relativo à implicação de crianças nos conflitos armados*[20].

Este Protocolo eleva para 18 anos a idade mínima para o recrutamento militar obrigatório, mas a idade de alistamento voluntário deve ser objecto de uma declaração dos Estados, consecutiva à ratificação do Protocolo.

[18] V.http://treaties.un.org/Pages/ViewDetails.aspx?src=TREATY&mtdsg_no=IV-11&chapter=4&lang=en

[19] Já ratificado por 126 Estados (Junho de 2009).

[20] Já ratificado por 120 Estados (Junho de 2009).

À semelhança dos principais instrumentos do Direito Internacional dos Direitos Humanos, também a *Convenção sobre os direitos da criança* instituiu, como sabemos, um Comité para supervisionar a sua aplicação pelos Estados Partes (aqueles que se obrigaram a aplicá-la) (Artigos 43-44). Eleitos pela Conferência dos Estados Partes na Convenção, segundo um exigente critério de competência e integridade, os membros do Comité não representam os seus Estados de origem e a sua composição deve ser representativa da diversidade geográfica, cultural e jurídica da Comunidade Internacional. Inicialmente formado por 10 membros, a rápida universalização da Convenção e a consequente sobrecarga de trabalho do Comité tornaram necessário um aumento da sua composição, que passou para 18 membros em 1995 (alteração que entrou em vigor em 2002).

O Comité promove, anualmente, "Dias de Debate Geral" (*Days of General Discussion*) sobre temas do âmbito de aplicação da Convenção, para aprofundar a sua compreensão e implicações, que concluem com Recomendações. Até à data, foram adoptadas Recomendações sobre:

- "As crianças nos conflitos armados" (1992)
- "A exploração económica das crianças" (1993)
- "O papel da família na promoção dos direitos da criança" (1994)
- "A criança rapariga" (1995)
- "A administração da justiça juvenil" (1995)
- "A criança e os media" (1996)
- "As crianças com incapacidades" (1997)
- "As crianças que vivem num mundo com HIV/SIDA" (1998)
- "10.º aniversário: Medidas gerais de aplicação" (1999)
- "A violência estatal contra as crianças" (2000)
- "A violência contra as crianças no seio da família e na escola" (2001)
- "O sector privado como prestador de serviços e o seu papel na realização dos direitos da criança" (2002)
- "Os direitos das crianças indígenas" (2003)
- "Realização dos direitos da criança na primeira infância" (2004)
- "As crianças sem cuidados parentais" (2005)
- "O direito da criança a ser ouvida" (2006)

- "Recursos para os direitos da criança – Responsabilidade dos Estados" (2007)
- "O direito da criança à educação em situações de emergência" (2008)

Estes debates abrem caminho, frequentemente, à elaboração de "Comentários Gerais" (*General Comments*)[21] sobre as normas da Convenção, para ajudar os Estados Partes a cumprir as suas obrigações, uma prática de outros Comités das Nações Unidas que o Comité dos direitos da criança adoptou. Até à data[22], produziu os seguintes Comentários Gerais[23]:

- Comentário Geral 1 (CRC/GC/2001/1, Abril de 2001) sobre "Os objectivos da educação (Artigo 29.1)"
- Comentário Geral 2 (CRC/GC/2002/2, Novembro de 2002) sobre "O papel das instituições nacionais independentes dos direitos humanos na promoção e protecção dos direitos da criança"
- Comentário Geral 3 (CRC/GC/2003/3, Março de 2003) sobre "O HIV/AIDS e os direitos da criança"
- Comentário Geral 4 (CRC/GC/2003/4, Julho de 2003) sobre "A saúde e o desenvolvimento do adolescente no contexto da Convenção sobre os direitos da criança"
- Comentário Geral 5 (CRC/GC/2003/05, Novembro de 2003) sobre "Medidas gerais de aplicação da Convenção sobre os direitos da criança (Artigos 4, 42 e 44.6)"
- Comentário Geral 6 (CRC/GC/2005/06, Setembro de 2005) sobre o "Tratamento de crianças não acompanhadas e separadas fora do seu país de origem"

---

[21] Comentário Geral é um texto elaborado por um Comité das Nações Unidas, estabelecendo princípios de interpretação e aplicação dos direitos reconhecidos no Tratado cujo respeito lhe compete controlar. Foi o Comité dos direitos humanos que inaugurou a prática do Comentário Geral, a partir de 1981. Outros Comités das Nações Unidas imitaram-no: o Comité dos direitos económicos, sociais e culturais, o Comité dos direitos da criança e o Comité contra a tortura. O Comité para a eliminação da discriminação racial e o Comité para a eliminação da discriminação em relação às mulheres adoptaram-na também, mas com a designação de Recomendação Geral.

[22] Setembro de 2009.

[23] V. www2.ohchr.org/english/bodies/crc/comments.htm

- Comentário Geral 7 (CRC/C/GC/07/Rev. 1, Setembro de 2006), sobre a "Aplicação dos direitos da criança na primeira infância"
- Comentário Geral 8 (CRC/C/GC/08, Maio de 2006) sobre "O direito da criança à protecção contra o castigo corporal e outras formas de castigo cruéis ou degradantes (Artigos 19, 28.2 e 37, *inter alia*)"
- Comentário Geral 9 (CRC/C/GC/9, Fevereiro de 2007) sobre "Os direitos das crianças com incapacidades"
- Comentário Geral 10 (CRC/C/GC/10, Abril de 2007) sobre "Os direitos das crianças na justiça juvenil"
- Comentário Geral 11 (CRC/C/GC/11, Janeiro de 2009) sobre "As crianças indígenas e os seus direitos segundo a Convenção"
- Comentário Geral 12 (CRC/C/GC/12, Julho de 2009) sobre "O direito da criança a ser ouvida"

Os Estados Partes na Convenção comprometem-se a apresentar ao Comité dos direitos da criança relatórios periódicos sobre as medidas tomadas para a sua realização, os progressos conseguidos e os obstáculos encontrados. Em conformidade com o Regulamento do Comité (CRC/C/4/Rev.1, 25 de Abril de 2005):

> Os Estados Partes apresentarão os seus relatórios dois anos depois da entrada em vigor da Convenção para o respectivo Estado Parte e, depois, apresentarão os relatórios subsequentes de cinco em cinco anos e, nesse intervalo de tempo, os relatórios ou informação adicionais que o Comité solicitar. (Artigo 66.2)
> ... Os representantes dos Estados Partes serão convidados a assistir às sessões do Comité em que forem examinados os seus relatórios. [...] (Artigo 68)
> Depois de examinar cada relatório de um Estado Parte, [...] o Comité pode fazer as sugestões e recomendações gerais que considere apropriadas acerca da aplicação da Convenção pelo Estado que apresentou o relatório. (Artigo 71.1)[24]

[24] V. www.unhchr.ch/tbs/doc.nsf/0/76d829e588309e4ec1256ff8004e4e63/$FILE/G0541216.pdf

Até à 52.ª sessão do Comité (Setembro-Outubro de 2009), menos de meia dúzia de Estados ainda não tinham apresentado o seu primeiro Relatório, enquanto 58 já tinham apresentado o terceiro e 39 o quarto (V. www2.ohchr.org/english/bodies/crc/docs/CRC-C-52-2.pdf).

As sugestões e recomendações do Comité são designadas "Observações Finais" (*Concluding Remarks*).

Em 1991, na sua primeira sessão, o Comité adoptou "Orientações gerais sobre a forma e o conteúdo dos relatórios iniciais que os Estados Partes devem apresentar, em conformidade com o parágrafo 1 a) do Artigo 44 da Convenção" (CRC/C/5, 30/10/91)[25], cujo parágrafo 13 destaca quatro «princípios gerais»:

a) A não-discriminação (Art. 2)
b) O interesse superior da criança (Art. 3)
c) O direito à vida, à sobrevivência e ao desenvolvimento (Art. 6)
d) O respeito das opiniões da criança (Art. 12)

Comentando estes princípios, no seu Comentário Geral 5 (CRC/GC/2003/05) (v. nota 23), o Comité disse:

> 12. ... É preciso sublinhar que a aplicação do princípio de não discriminação no acesso igual aos direitos não significa tratamento idêntico. Um comentário geral do Comité dos Direitos Humanos destacou a importância de tomar medidas especiais para diminuir ou eliminar as condições que são causa de discriminação.
> ... O princípio [do interesse superior da criança] requer medidas activas pelo Governo, Parlamento e Tribunais. Todos os órgãos ou instituições legislativas, administrativas e judiciárias são chamados a aplicar o princípio do interesse superior da criança considerando sistematicamente como é que os direitos e os interesses da criança são ou serão afectados pelas suas decisões e acções [...].
> ... O Comité espera que os Estados interpretem "desenvolvimento" no seu sentido mais amplo, como conceito holístico que abrange o desenvolvimento físico, mental, espiritual, moral, psicológico e social da criança. As medidas de aplicação devem ter em vista conseguir o desenvolvimento óptimo de todas as crianças.
> ... Este princípio [do respeito pelas opiniões da criança], que põe em relevo a função da criança como participante activa na promoção, protecção e monitorização dos seus direitos, aplica-se igualmente a todas as medidas adoptadas pelos Estados para aplicar a Convenção.

Jaap E. Doek, que foi Presidente do Comité dos direitos da criança, observou que o Comité ainda não explicou porque é que

---

[25] V. www.unhchr.ch/tbs/doc.nsf/(Symbol)/CRC.C.5.En?Opendocument

considera os quatro Artigos referidos como "princípios gerais" e como é que eles devem ser utilizados (v. Doek, 2007: 38). Na sua prática, o Comité refere-se aos princípios gerais como princípios de interpretação e de aplicação de todos os outros direitos da Convenção (v., por exemplo, o Comentário Geral 12, par. 17)[26].

O Comité adoptou também "Orientações gerais sobre a forma e o conteúdo dos relatórios periódicos" (CRC/C/58/Rev. 29/11/2005), bem como para os relatórios sobre os dois Protocolos[27].

O Conselho dos Direitos Humanos (Nações Unidas), na sua 11.ª sessão, em Junho de 2009, adoptou uma Resolução (11/1) em que decidiu «estabelecer um Grupo de Trabalho Aberto do Conselho dos Direitos Humanos para explorar a possibilidade de elaborar um protocolo facultativo à *Convenção sobre os direitos da criança* para a criação de um mecanismo de comunicações [queixas] complementar do mecanismo dos relatórios previsto na Convenção» (par. 1)[28].

2.2. **Obrigações dos Estados Partes**

Todos são responsáveis pelos direitos de todos, como proclama o longo título da *Declaração sobre o direito e a responsabilidade dos indivíduos, grupos e órgãos da sociedade de promover e proteger os direitos humanos e as liberdades fundamentais universalmente reconhecidos*, adoptada pela Assembleia Geral das Nações Unidas a 9 de Dezembro de 1998[29], ano do 50.º aniversário da *Declaração universal dos direitos humanos*.

Os responsáveis pelos direitos da criança são «a família, a sociedade e o Estado», como se lê no Comentário Geral 17 do Comité dos direitos humanos (par. 6), produzido em 1989[30]. Disse também o Comité dos direitos da criança, no seu Comentário Geral 5 (v. nota 23):

---

[26] V. www2.ohchr.org/english/bodies/crc/docs/AdvanceVersions/CRC-C-GC-12.pdf

[27] V. www.unhchr.ch/tbs/doc.nsf/(Symbol)/CRC.C.58.Rev.1.En?Opendocument

[28] V. www2.ohchr.org/english/bodies/hrcouncil/11session/resolutions.htm

[29] V. www.unhchr.ch/Huridocda/Huridoca.nsf/(Symbol)/A.RES.53.144.En?Opendocument

[30] V. www.unhchr.ch/tbs/doc.nsf/0/cc0f1f8c391478b7c12563ed004b35e3?Opendocument

56. A aplicação da Convenção é uma obrigação para os Estados Partes, mas é necessário que participem todos os sectores da sociedade, incluindo as próprias crianças. O Comité reconhece que as responsabilidades de respeitar e garantir os direitos das crianças estendem-se, na prática, para além do Estado e dos serviços e instituições controlados pelo Estado, para incluir as crianças, os seus pais e famílias mais alargadas, outros adultos, serviços e organizações não estatais. [...]

Em primeiro lugar a família, naturalmente, no seu conceito alargado, mas principalmente os pais. São eles os primeiros responsáveis pelos direitos dos filhos, como reconhece a *Convenção sobre os direitos da criança* (nos Artigos 5 e 18, designadamente). A responsabilidade dos pais é um atributo da paternidade e da maternidade e consiste fundamentalmente na protecção e educação dos filhos. O Estado tem a obrigação de respeitá-la e de apoiá-los no seu exercício.

Os responsáveis principais, juridicamente e politicamente, pelos direitos da criança – e por todos os direitos humanos – são, todavia, os Estados, autores e destinatários directos do Direito Internacional. Diz a Declaração de 1998 (Artigo 3): «O Direito interno conforme à Carta das Nações e outras obrigações do Estado no campo dos direitos humanos e liberdades fundamentais é o quadro jurídico dentro do qual os direitos humanos e liberdades fundamentais devem ser realizados e usufruídos». Como reafirmou a *Declaração e Programa de Acção* da 'Conferência mundial sobre os direitos humanos', que se realizou em Viena, nos dias 14-25 de Junho de 1993 (I.1): «Os direitos humanos e as liberdades fundamentais são direitos inatos [*the birthright*] de todos os seres humanos; a sua protecção e promoção é a responsabilidade primeira dos Governos»[31].

O Comité dos direitos económicos, sociais e culturais, responsável pela aplicação do homónimo Pacto de 1966, disse no seu Comentário Geral 12 (1999)[32], acolhendo as *Maastricht Guidelines*[33], que

[31] V. www.unhchr.ch/huridocda/huridoca.nsf/(Symbol)/A.CONF.157.23.En?OpenDocument

[32] V. www.unhchr.ch/tbs/doc.nsf/0/3d02758c707031d58025677f003b73b9?Opendocument

[33] As "Maastricht Guidelines on Violations of Economic, Social and Cultural Rights" foram adoptadas por mais de 30 especialistas de Direito Internacional, reunidos em Maastricht (Holanda) de 22 a 26 de Janeiro de 1997. Foram convidados pela Comissão

cada um dos direitos humanos «impõe três tipos ou níveis de obrigações aos Estados Partes: as obrigações de *respeitar, proteger e realizar*. Por sua vez, a obrigação de *realizar* inclui tanto a obrigação de *facilitar* como a obrigação de *tornar efectivo*» (par. 15). Estas obrigações são obrigações de resultado ou de conduta e implicam prestação de contas, principalmente através da apresentação regular de relatórios aos respectivos Comités, se for o caso, e da sua divulgação interna.

De acordo com a *Declaração e Programa de Acção* de Viena, os direitos humanos são também «uma legítima preocupação» (I.4) e «uma questão prioritária» (Preâmbulo, primeiro parágrafo) para a Comunidade Internacional, que tem uma função subsidiária e supletiva, se falham os meios de protecção interna, quando um Estado não dispõe dos recursos necessários ou quando simplesmente não tem vontade política de cumprir as suas obrigações.

O quadro normativo mais geral das obrigações dos Estados Partes na Convenção de 1989 está enunciado nos seus Artigos 2.1, 3.2 e 4. Nos dois primeiros, utiliza-se, em inglês, o verbo *ensure* (assegurar, garantir). É um verbo utilizado 35 vezes no texto da Convenção, que exprime o mais elevado grau de obrigação de um Estado Parte num Tratado[34]. Nos termos do Artigo 4:

> Os Estados Partes tomam todas as medidas legislativas, administrativas e outras apropriadas para a realização dos direitos reconhecidos na presente

---

Internacional de Juristas (Genebra, Suiça), pela Faculdade de Direito da Universidade de Limburg (Maastricht) e pelo Instituto Urban Morgan para os Direitos Humanos da Universidade de Cincinnati (Ohio, EUA), para debater as violações dos direitos económicos, sociais e culturais, assim como as medidas a tomar.

As "Maastricht Guidelines" foram adoptadas dez anos depois da adopção dos "Limburg Principles on the Implementation of the International Covenant on Economic, Social and Cultural Rights", aprovados por um grupo de 29 especialistas de Direito Internacional convidados pelas mesmas entidades, provenientes de vários países, continentes e organizações internacionais. O encontro realizou-se também em Maastricht, de 2 a 6 de Junho de 1986, por ocasião da criação do Comité dos direitos económicos, sociais e culturais, para debater os objectivos e natureza das obrigações dos Estados Partes no Pacto respectivo.

[34] O Artigo 12.1 tem a particularidade de utilizar o verbo sinónimo *assure* que, nota o Comité dos direitos da criança no seu Comentário Geral 12 (CRC/C/GC/12) (ver nota 23), «é um termo jurídico com uma força especial, que não deixa nenhuma margem de discrição aos Estados Partes» (par. 19).

Convenção. No que diz respeito aos direitos económicos, sociais e culturais, os Estados Partes tomam tais medidas até ao máximo dos seus recursos disponíveis e, quando necessário, no quadro da cooperação internacional.

As obrigações de cada Estado Parte na Convenção são, pois, variadas, envolvendo os poderes legislativo, executivo e judicial. O Comité dos direitos da criança dedicou o seu Comentário Geral 5, como vimos, às "Medidas gerais de aplicação da Convenção dos direitos da criança" (v. nota 23). Além da obrigação de apresentação de relatórios ao Comité, os Estados Partes na Convenção têm as seguintes obrigações principais:

1. *Integração das normas da Convenção no Direito interno*

As normas da Convenção podem ser integradas no Direito interno por três vias principais:

- via constitucional: automaticamente (se tal estiver constitucionalmente previsto), através de uma reforma constitucional ou através de uma nova Constituição;
- via legislativa: através da adopção de um código, de uma lei geral ou de legislação sectorial, para proteger as crianças de todas as formas de abuso e exploração, criminalizando-as;
- via jurisprudencial (decisões dos Tribunais).

Lê-se no Comentário Geral 5 do Comité (v. nota 23):

> 18. O Comité considera como sendo uma obrigação uma ampla revisão de toda a legislação interna e da orientação administrativa com ela relacionada, para garantir a sua plena conformidade com a Convenção. [...] É necessário que a revisão considere a Convenção, não apenas Artigo por Artigo mas também holisticamente, reconhecendo a interdependência e indivisibilidade dos direitos humanos. [...]
> 20. O Comité saúda a incorporação da Convenção no Direito interno, que é a abordagem tradicional para a aplicação dos instrumentos internacionais dos direitos humanos em alguns, mas não em todos os Estados. Incorporação deve significar que as disposições da Convenção podem ser directamente invocadas perante os Tribunais e aplicadas pelas autoridades nacionais, e que a Convenção prevalecerá em caso de conflito com a legislação interna ou a prática comum. A incorporação, por si, não evita a necessidade de assegurar que todo o Direito interno relevante, incluindo qualquer Direito

local ou consuetudinário, seja posto em conformidade com a Convenção. Se houver qualquer conflito com a Convenção, a Convenção deve sempre prevalecer, à luz do Artigo 27 da *Convenção de Viena sobre o Direito dos Tratados*. Quando um Estado delega poderes de legislar em Governos federados regionais ou territoriais, tem de exigir a esses Governos subsidiários que legislem no quadro da Convenção e que assegurem uma efectiva realização (ver também parágrafos 40 e seguintes, mais à frente).
[...]
22. ... O Comité saúda o desenvolvimento de leis consolidadas sobre os direitos das crianças, que podem dar relevo e ênfase aos princípios da Convenção. Mas o Comité sublinha que é crucial, além disso, que todas as leis "sectoriais" relevantes (sobre a educação, a saúde, a justiça, etc.) reflictam coerentemente os princípios e normas da Convenção.
[...]
24. Para que os direitos tenham significado, devem ser proporcionados remédios efectivos para reparar as violações. Esta exigência está implícita na Convenção e é reiteradamente referida nos outros seis principais tratados internacionais sobre os direitos humanos. [...]
25. Como foi observado acima, no parágrafo 6, o Comité sublinha que os direitos económicos, sociais e culturais, como os direitos civis e políticos, devem ser considerados justiciáveis [passíveis de invocação perante os tribunais]. [...]
44. O Comité sublinha que os Estados, ao conferir ao sector privado a capacidade de prestar serviços, dirigir instituições, etc., não ficam menos obrigados, de modo algum, de garantir a todas as crianças sob a sua jurisdição o pleno reconhecimento e realização de todos os direitos da Convenção (Artigos 2.1 e 3.2). [...]

O Comité recomenda também aos Estados Partes que ratifiquem os dois Protocolos à Convenção e os outros principais instrumentos internacionais sobre os direitos humanos (v. nota 2), assim como outros instrumentos relevantes para os direitos da criança que o Comité inclui numa lista anexa (par. 17).

A reforma legislativa tem os seus efeitos directos. Por exemplo, no Egipto, a adopção de uma lei contra a mutilação sexual feminina fez baixar em 20% a prática da excisão. Todavia, «tem de ser parte de uma estratégia mais ampla, holística, para promover e proteger os direitos da criança» (UNICEF, 2007: 108).

A legislação deve, obviamente, criar mecanismos de queixa, investigação e sanção das violações dos direitos da criança que sejam adequados, acessíveis e amigos das crianças. O Conselho Económico e Social das Nações Unidas adoptou uma Resolução (2005/20) intitulada *Guidelines on Justice in Matters involving Child Victims and Witnesses of Crime*, cujos princípios são os seguintes (III – 8): *dignidade, não-discriminação, interesse superior da criança* (que inclui a sua *protecção* e *desenvolvimento harmonioso*), *direito à participação*[35]. Os Estados Partes deveriam também consagrar o princípio de extraterritorialidade na aplicação da Convenção[36].

A mediação familiar é uma alternativa preferível à via judicial, sempre que possível. Jean Leonetti recomenda-a, no seu Relatório citado, que conclui assim:

> A experiência do Quebec, onde o contencioso familiar diminui regularmente e onde a taxa de satisfação das pessoas que recorreram à mediação atinge 80%, é rica de ensinamentos a este respeito. Inspirar-se neste exemplo é escolher procedimentos flexíveis e modernos, que se inscrevem numa dinâmica reivindicada pelos actores do Direito, respondem ao interesse superior da criança e se adaptam às necessidades das famílias. (Leonetti, 2009: 102)

2. *Aplicação das normas da Convenção através das políticas necessárias à realização de todos os direitos da criança, na sua globalidade, isto é, tendo em conta a sua interdependência e indivisibilidade*

O princípio da interdependência e indivisibilidade de todos os direitos é frequentemente realçado pelo Comité dos direitos da criança nas Observações Finais sobre os relatórios dos Estados Partes, chamando a atenção para a necessidade de uma abordagem holística (*holistic approach*) ou global da Convenção, em correspondência com a natureza holística do desenvolvimento da criança. Para isso, no Comentário Geral 5 (par. 29) (v. nota 23): «O Comité recomenda

---

[35] V. www.un.org/docs/ecosoc/documents/2005/resolutions/Resolution%202005-20.pdf

[36] Consiste no consentimento do exercício da autoridade de um Estado estrangeiro dentro do território nacional (caso das instalações diplomáticas). No caso dos direitos da criança, consiste na aplicação do Direito interno às suas violações por cidadãos nacionais ou sob a sua jurisdição cometidas mesmo fora do país. O Comité dos direitos da criança, nas *General guidelines for periodic reports* adoptadas em 1996 (CRC/C/58), perguntava: «Se o principio de extraterritorialidade foi incorporado na legislação para criminalizar a exploração sexual das crianças por nacionais e residentes do Estado Parte, quando cometida noutros países» (v. www.unhchr.ch/tbs/doc.nsf/%28Symbol%29/CRC.C.58, par. 159).

o desenvolvimento de uma estratégia nacional global ou plano nacional de acção para as crianças, fundado no quadro da Convenção», com a participação das crianças. Embora deva estabelecer prioridades, «não pode negligenciar ou diluir, de modo algum, as pormenorizadas obrigações que os Estados Partes aceitaram com a Convenção. A estratégia precisa de ser dotada dos recursos adequados, em termos humanos e financeiros» (par. 32). O Comité recorda que a importância da adopção de planos nacionais tinha já sido sublinhada por documentos aprovados, ao mais alto nível, no seio das Nações Unidas (par. 34 e 35). E para que os direitos da criança sejam uma prioridade de todos os sectores governamentais, a todos os níveis, e para tornar mais eficaz toda a acção neste campo, o Comité recomenda também aos Estados Partes a criação de um mecanismo de coordenação, interinstitucional e multissectorial, ao mais alto nível, próximo do Chefe do Governo, responsável «pelo desenvolvimento da ampla estratégia para as crianças e monitorizar a sua aplicação, assim como para coordenar a preparação dos relatórios previstos na Convenção» (par. 39).

3. *Previsão e avaliação do impacto das diferentes políticas sobre os direitos da criança*

Esta é uma recomendação também frequente nas Observações Finais do Comité. Com efeito, «as políticas económicas nunca são neutras, nas suas consequências sobre os direitos da criança», como observa o Comité no Comentário Geral 5 (par. 52) (v. nota 23). Por isso, é necessário «um processo contínuo de previsão do impacto na criança (prever o impacto de qualquer proposta legislativa, política ou financeira que afecte as crianças e o gozo dos seus direitos) [*child impact assessment*] e avaliação do impacto na criança (avaliar o real impacto da aplicação)» [*child impact evaluation*] (par. 45).

4. *Cooperação internacional*

O Comité dos direitos da criança recorda, no Comentário Geral 5 (v. nota 23): «Quando ratificam a Convenção, os Estados assumem obrigações não só de aplicá-la no âmbito da sua jurisdição, mas também de contribuir, através da cooperação internacional, para que seja aplicada em todo o mundo (ver parágrafo 60, a seguir)» (par. 7). E mais à frente:

61. O Comité chama a atenção dos Estados Partes para o dever de fazer da Convenção o quadro da assistência internacional ao desenvolvimento relacionada, directa ou indirectamente com as crianças, e de que os programas dos Estados doadores devem ter como base os direitos humanos [*should be rights-based*]. O Comité recomenda com insistência aos Estados que cumpram os objectivos internacionalmente acordados, incluindo o objectivo das Nações Unidas para a assistência internacional ao desenvolvimento de 0,7% do produto interno bruto. [...]
62. O Comité endossa os objectivos da Iniciativa 20/20, para atingir o acesso universal a serviços sociais básicos de boa qualidade, numa base sustentável, como uma responsabilidade compartilhada dos Estados em vias de desenvolvimento e doadores. [...]
64. Na promoção da cooperação internacional e assistência técnica, todas as agências das Nações Unidas e com elas relacionadas devem guiar-se pela Convenção e colocar os direitos das crianças no centro das suas actividades. Devem procurar garantir, com a sua influência, que a cooperação internacional tenha como finalidade ajudar os Estados a cumprir as suas obrigações no âmbito da Convenção. Do mesmo modo, o Grupo do Banco Mundial, o Fundo Monetário Internacional e a Organização Mundial do Comércio devem assegurar que as suas actividades relacionadas com a cooperação internacional e o desenvolvimento económico atribuem uma consideração primordial ao interesse superior das crianças e promovem a plena aplicação da Convenção.[37]

---

[37] Em 1968, o Presidente do Banco Mundial (Robert S. McNamara) convidou Lester Bowles Pearson (Prémio Nobel da Paz em 1957 e Primeiro-Ministro do Canadá de 1963 a 1968) a formar uma comissão para fazer um balanço de vinte anos de ajuda ao desenvolvimento e fazer recomendações. Em Setembro do ano seguinte a 'Comissão sobre o Desenvolvimento Internacional' (com oito membros) entregou o Relatório *Partners in Development*, em que recomendava, designadamente, o aumento da Ajuda Pública ao Desenvolvimento (APD) para 0,7% e da ajuda total para 1% do PIB, até 1975.

Em 1991, o Programa das Nações Unidas para o Desenvolvimento (PNUD), apoiado pela UNICEF e outras Organizações Internacionais, propôs a Iniciativa 20/20, segundo a qual os países desenvolvidos deveriam afectar à satisfação das necessidades fundamentais das populações 20% da ajuda pública aos países em desenvolvimento, e estes deveriam consagrar-lhe 20% dos seus orçamentos. Esta recomendação foi incluída no Programa de Acção da Cimeira Mundial sobre o Desenvolvimento Social, em 1995 (Copenhaga, Dinamarca): «Assumir um compromisso recíproco, entre os parceiros interessados dos países desenvolvidos e dos países em desenvolvimento, de destinar, em média, 20% da APD e 20% do orçamento nacional, respectivamente, a programas sociais básicos» (88.c).

(V. www.un.org/esa/socdev/wssd/pgme_action_ch5.html)

Este e outros objectivos foram reiterados no Consenso de Monterrey, saído da Conferência Internacional sobre o Financiamento do Desenvolvimento, em 2002.

(V. www.un.org/esa/ffd/monterrey/MonterreyConsensus.pdf)

A cooperação internacional é mencionada principalmente nos Artigos 4 e 45, mas também é referida no Preâmbulo (último parágrafo) e nos Artigos 7.2, 11.2, 17.b, 21.e, 22.2, 23.4, 24.4, 27.4, 28.3, 34 e 35.

No plano internacional, duas grandes iniciativas devem ser assinaladas:

- Cimeira Mundial para as Crianças, reunida na sede das Nações Unidas, em Nova Iorque, a 30 de Setembro de 1990, que foi a maior reunião de dirigentes políticos mundiais, até então. Adoptou uma *Declaração mundial sobre a sobrevivência, a protecção e o desenvolvimento da criança*[38] e um *Plano de Acção* para a sua aplicação, nos anos 1990[39].
- Sessão Especial da Assembleia Geral das Nações Unidas em favor da Infância, reunida de 8 a 10 de Maio de 2002, em Nova Iorque, para fazer o balanço da aplicação do *Plano de Acção* adoptado em 1990, que adoptou uma nova Declaração e um novo Plano de Acção para *Um mundo digno das crianças*[40].

Na Declaração, os Chefes de Estado e de Governo e outros representantes dos Estados participantes na Assembleia Geral reconheceram que «a década de 1990-1999 foi de grandes promessas e de resultados modestos para as crianças do mundo» (par. 11), mas «a experiência da última década confirmou que as necessidades e os direitos das crianças devem ser prioritários em todas as actividades de desenvolvimento» (par. 13). Reafirmaram os compromissos assumidos na Cimeira de 1990 e nas grandes conferências organizadas pelas Nações Unidas na década de 1990, nomeadamente a *Declaração do Milénio das Nações Unidas*[41] (par. 3). E afirmaram a sua «adesão à criação de um mundo digno das crianças, onde o desenvolvimento humano sustentável, tendo em conta o interesse superior da criança, se funde nos princípios da democracia, da igualdade, da

---

[38] V. www.unicef.org/wsc/declare.htm

[39] V. www.unicef.org/wsc/plan.htm

[40] V. www.unicef.org/worldfitforchildren/files/A-RES-S27-2E.pdf

[41] Adoptada pelos Chefes de Estado e de Governo presentes na Assembleia Geral reunida nos dias 6-8 de Setembro de 2000, em Nova Iorque (V. www.unisdr.org/eng/mdgs-drr/pdf/a-res-55-2.pdf).

não-discriminação, da paz e da justiça social e da universalidade, indivisibilidade, interdependência e inter-relação de todos os direitos humanos, incluindo o direito ao desenvolvimento» (par. 5). Mais concretamente, instaram «todos os membros da sociedade para que se unam a nós num movimento mundial que contribua para a criação de um mundo digno das crianças, fazendo sua a nossa adesão aos princípios e objectivos seguintes» (par. 7):

1. Dar prioridade às crianças
2. Erradicar a pobreza: investir na infância
3. Não deixar nenhuma criança para trás
4. Cuidar de todas as crianças
5. Educar todas as crianças
6. Proteger as crianças da violência e da exploração
7. Proteger as crianças da guerra
8. Lutar contra o VIH/SIDA
9. Ouvir as crianças e assegurar a sua participação
10. Proteger a Terra para as crianças

5. *Promoção do conhecimento e compreensão dos direitos da criança, através da educação geral, da formação profissional e de campanhas de informação dirigidas a todos os sectores da sociedade, para criar uma cultura dos direitos da criança favorável ao seu respeito quotidiano*

Para respeitar, proteger e ajudar a criança a aprender a exercer os seus direitos, é preciso conhecê-los. Uma das inovações da Convenção é a inclusão desta obrigação no Artigo 42: «Os Estados Partes comprometem-se a tornar amplamente conhecidos dos adultos e das crianças, através de meios activos e apropriados, os princípios e disposições da presente Convenção». O Artigo 44.6 acrescenta: «Os Estados Partes difundirão amplamente os seus relatórios [apresentados ao Comité] nos seus próprios países». Esta é uma das «Medidas gerais de aplicação» que o Comité inclui nas referidas "Orientações Gerais" adoptadas em 2005 (CRC/C/58/Rev.1, par. 9-18), recomendando (Anexo):

3. Os Estados Partes devem fornecer dados estatísticos sobre a formação relativa à Convenção proporcionada aos profissionais que trabalham com e para crianças, incluindo, mas sem excluir outros:

a) O pessoal judicial, incluindo os juízes e magistrados
b) Os agentes da aplicação das leis
c) Os professores
d) O pessoal dos serviços de saúde
e) Os trabalhadores sociais

Esta matéria também é objecto da atenção do Comité no Comentário Geral 1 (CRC/GC/2001/1) (v. nota 23) e, nomeadamente, no citado Comentário Geral 5. Neste, afirma, designadamente:

53. ... A finalidade da formação é realçar o estatuto da criança como titular de direitos humanos, aumentar o conhecimento e a compreensão da Convenção e encorajar o respeito activo de todas as suas disposições. O Comité espera ver a Convenção reflectida nos programas de formação profissional, nos códigos de conduta e nos programas de educação a todos os níveis. A compreensão e o conhecimento dos direitos humanos devem, obviamente, ser promovidos entre as próprias crianças, através dos programas escolares e por outras vias (ver também o parágrafo 69, a seguir, e o Comentário Geral N.º 1 (2001) do Comité sobre os fins da educação.
54. ... É particularmente importante que a promoção dos direitos da criança seja integrada na preparação para a parentalidade e na educação dos pais.

6. *Criação de uma entidade nacional responsável pelos direitos da criança com um mandato amplo e recursos apropriados*

A criação de instituições nacionais independentes para a promoção e protecção dos direitos humanos é recomendada desde a criação das Nações Unidas, que as reconhece como interlocutores.

Em 1993, a sua Assembleia Geral adoptou uma Resolução sobre os *Princípios relativos ao estatuto das instituições nacionais* (conhecidos como Princípios de Paris)[42]. Esta resolução foi evocada na referida *Declaração e Programa de Acção de Viena* (I.36) (v. nota 31). Também o Conselho da Europa recomendou a sua criação (Recomendação R/97/14, de 30 de Setembro de 1997)[43]. São consideradas *órgãos de terceiro tipo*, interfaces entre os Governos e a sociedade civil.

---

[42] V. www.unhchr.ch/html/menu6/2/fs19.htm#annex
[43] V. www.nhri.net/pdf/CoeRecommendation1997no14.pdf

Por sua vez, o Comité dos direitos da criança adoptou, em 2002, um Comentário Geral sobre "O papel das instituições independentes para os direitos humanos na protecção e promoção dos direitos da criança" (CRC/GC/2002/2)[44]. Na opinião do Comité, o seu estabelecimento «faz parte do compromisso assumido pelos Estados Partes, ao ratificar a Convenção, de garantir a sua aplicação e promover a realização universal dos direitos da criança» (par. 1). Se, por falta de recursos, não for possível criar uma entidade específica, deve ser criada uma «estrutura especializada» («comissário», «secção ou divisão especial») no seio de «uma instituição nacional generalista de defesa dos direitos humanos» (par. 6). Para o Comité, «o mais importante é que a instituição, seja qual for a sua forma, seja capaz de, com independência e eficácia, monitorizar, promover e proteger os direitos da criança» (par. 7).

O número de instituições independentes dedicadas aos direitos da criança cresceu rapidamente, depois da adopção da Convenção de 1989. No contexto nórdico da tradição do *Ombudsman* – o primeiro dos quais foi instituído na Suécia em 1809 – a ONG sueca *Radda Barnen* (*Save the Children*) criou, em 1979, Ano Internacional da Criança, o primeiro *Ombudsman* para as crianças. A Noruega, país onde foram instituídos seis *Ombudsman* entre 1952 e 1981, foi o primeiro país a criar oficialmente uma instituição semelhante para as crianças, em 1981, seguida pela Costa Rica em 1987. Quando a Convenção foi adoptada, só havia instituições nacionais de protecção dos direitos da criança em três países (Noruega, Costa Rica e Nova Zelândia). O primeiro *Ombudsman* das crianças a incluir formalmente na sua missão a promoção da *Convenção sobre os direitos da criança* foi instituído na Suécia em 1993. Hoje, existem mais de 60 instituições nacionais independentes para os direitos das crianças, com denominações variáveis: *Children's Ombudsman*, *Children's Rights Commissioner*, *Défenseur des Enfants*, *Defensor del Menor*, *Defensor de los Derechos de la Niñez*, etc. A sua autoridade depende da sua base legislativa e poderes, e a sua eficácia depende dos seus meios humanos e financeiros. Em geral, os seus poderes principais são os de receber denúncias investigar e agir (não judicialmente)

---

[44] V. www.unhchr.ch/tbs/doc.nsf/(symbol)/CRC.GC.2002.2.En?OpenDocument

para remediá-las. Em 1997, por iniciativa da Noruega, foi formada uma Rede Europeia de *Ombudsman* para as Crianças (ENOC, na sigla inglesa)[45], em Trondheim, que adoptou *Standards for Independent Children's Rights Institutions*.

Em 2000, a Assembleia Parlamentar do Conselho da Europa adoptou a Recomendação 1460 (2000) sobre a "Instituição de um *ombudsman* europeu para as crianças", em que recomendava ao Conselho de Ministros (par. 8):

i. convidar os Estados Membros que ainda o não tenham feito a nomear um Ombudsman nacional para as crianças;
ii. criar no seio do Conselho da Europa, em termos a definir, o posto de Ombudsman Europeu para as Crianças, que seria ocupado por uma personalidade com dimensão europeia, cuja tarefa seria defender a causa das crianças.[46]

Recomendação semelhante tinha sido feita, em 1998, também no quadro do Conselho da Europa, pela "Recomendação n.º R (98) 8 do Comité de Ministros aos Estados Membros sobre a participação das crianças na vida familiar e social" (Apêndice, par. 23)[47].

Complementares das Institucionais Nacionais são as ONGs, como afirma o Comité dos direitos da criança no seu Comentário Geral 5 (v. nota 23): «O Estado precisa de trabalhar estreitamente com as ONGs, no sentido mais amplo, com respeito pela sua autonomia; estas incluem, por exemplo, as ONGs de direitos humanos, as organizações dirigidas por crianças e jovens e grupos de jovens, grupos de pais e de famílias, grupos religiosos, instituições académicas e associações profissionais» (par. 58). Devem ser apoiadas e poder participar na preparação dos Relatórios dos Estados para o Comité (par. 59)[48].

---

[45] V. www.ombudsnet.org/enoc

[46] V. http://assembly.coe.int/Mainf.asp?link=/Documents/AdoptedText/ta00/EREC1460.htm

[47] V. https://wcd.coe.int/com.instranet.InstraServlet?command=com.instranet.CmdBlobGet&InstranetImage=532375&SecMode=1&DocId=486272&Usage=2

[48] As ONGs podem apresentar ao Comité Relatórios Alternativos (*Shadow Reports*).

2.3. **Repercussões e resistências**

No 20.º aniversário da adopção da *Convenção sobre os direitos da criança* (em 2009), que influência já teve no plano jurídico e na realidade da vida das crianças no mundo?

A Convenção inspirou a adopção de vários instrumentos jurídicos internacionais, nomeadamente os seguintes:

- *Carta africana sobre os direitos e o bem-estar da criança* (Organização da Unidade Africana, agora União Africana, 1990), que foi a primeira OIG regional a adoptar um instrumento jurídico obrigatório sobre os direitos da criança. Contém algumas normas mais avançadas do que as da Convenção. Prevê a obrigação de apresentar relatórios a um Comité africano de especialistas sobre os direitos e bem-estar da criança[49]. Entrou em vigor em 1999.
- *Convenção europeia sobre o exercício dos direitos das crianças* (Conselho da Europa, 1996), que procura garantir às crianças um mínimo de «direitos processuais». Instituiu um Comité Permanente com poderes limitados. Entrou em vigor em 2000[50].

Outros instrumentos jurídicos merecem destaque, como: *Convenção sobre a protecção das crianças e a cooperação em matéria de adopção internacional* (Conferência de Haia de Direito Internacional Privado, 1993); *Convenção sobre as piores formas de trabalho infantil* (C182, Organização Internacional do Trabalho, 1999); *Convenção sobre o cibercrime* (Conselho da Europa, 2001); *Convenção sobre a protecção das crianças contra a exploração e o abuso sexuais* (Conselho da Europa, 2007).

A *Carta dos direitos fundamentais* da União Europeia contém várias disposições relativas às crianças: Artigo 14 (Direito à educação), Artigo 24 (Os direitos da criança), Artigo 32 (Proibição do trabalho infantil e protecção dos jovens que trabalham) e Artigo 33 (Família e vida profissional).

---

[49] V.www.africa-union.org/official_documents/Treaties_%20Conventions_% 20Protocols/ A.%20C.%20ON%20THE%20RIGHT%20AND%20WELF%20OF% 20CHILD.pdf

[50] V. http://conventions.coe.int/Treaty/Commun/QueVoulezVous.asp?NT=160&CM= 8&DF= 3/19/2007&CL=ENG

Há muitos outros instrumentos jurídicos internacionais que reflectem a nova visão da criança como sujeito de direitos.

No plano nacional, a *Convenção sobre os direitos da criança* já teve muitas repercussões na ordem jurídica de muitos Estados.

Philip Alston e John Tobin repartem as Constituições existentes no mundo em três categorias, no que respeita aos direitos da criança:

(i) as Constituições em que a criança está invisível, por não conterem expressamente nenhumas disposições relativas às crianças;
(ii) as Constituições com disposições sobre a protecção especial, que reflectem uma abordagem pré-direitos da criança, apelando a medidas especiais para garantir a protecção da criança contra ameaças ao seu bem-estar; e
(iii) as Constituições dos direitos da criança, que reflectem, pelo menos, alguns dos princípios reconhecidos pela CDC [Convenção sobre os direitos da criança].

Alston e Tobin previnem, todavia, contra a presunção de «uma correlação positiva entre a extensão do reconhecimento constitucional e o respeito dos direitos, na prática» (Alston & Tobin, 2005: xi).

Segundo um estudo da UNICEF já citado (2007):

A *Convenção sobre os direitos da criança* (CDC) foi incorporada directamente no Direito interno em dois terços dos países abrangidos por este estudo [52]. A incorporação directa significa que a própria CDC é parte do Direito interno, é obrigatória para as agências públicas e pode ser aplicada pelos Tribunais. A posição que ocupa na hierarquia das normas legais é uma questão diferente; na maior parte dos casos, está subordinada à Constituição, mas prevalece sobre a legislação ordinária. Em alguns países, no entanto, a CDC tem o mesmo valor que a Constituição, e noutros ainda tem o mesmo valor legal que a restante legislação.
A incorporação directa é comum nos países de Direito Civil, mas rara nos países de *Common Law*. Nestes, prevalece a prática de não tornar um Tratado, por si, parte da ordem jurídica interna, mas antes de emendar a legislação existente.
Nestes casos, são adoptadas novas leis, conforme necessário, para assegurar que os direitos, os princípios e as obrigações contidos no Tratado se tornem também parte do Direito interno. Os Parlamentos dos países de *Common Law* podem adoptar leis que incorporam os Tratados dos direitos humanos no Direito interno – um exemplo de primeira ordem é o *Human Rights Act 1998* que torna a *Convenção europeia para a protecção dos direitos*

humanos e das liberdades fundamentais aplicável no Reino-Unido – mas tais leis são raras. Também há excepções à regra geral de incorporação da CDC directamente no Direito interno, nos países de Direito Civil. (p. 5)

A Convenção é parte do Direito interno na maior parte dos países asiáticos, em países africanos, do Médio Oriente, em todos os países da América Latina e em todos os países da Europa Central e de Leste abrangidos pelo estudo. Em muitos deles, prevalece sobre a legislação interna. Quanto aos países da Europa Ocidental, de Direito Civil, o estatuto da Convenção é variável: nuns, é parte do Direito interno (por exemplo, na Finlândia, na Noruega, na Bélgica, no Chipre, em Espanha, em Portugal); noutros, não (por exemplo, na Dinamarca, na Alemanha, na Holanda, na Áustria).

Códigos sobre as crianças e os seus direitos foram adoptados pela maior parte dos países latino-americanos e por outros países como a Tunísia e o Egipto.

Leis gerais foram adoptadas em países como a Roménia, a Indonésia, a Nigéria. Na Índia, o Estado de Goa adoptou o *Goa Children's Act 2003* que declara: «As disposições da *Convenção sobre os direitos da criança*, ratificadas pelo Governo da Índia, são, por esta via, declaradas partes do Direito estadual» (3.5)[51].

Este tipo de leis é raro nos países da Europa Ocidental abrangidos pelo estudo. Uma excepção é Espanha, que adoptou a *Ley Orgánica 1/1996, de 15 de enero, de Protección Jurídica del Menor, de modificación parcial del Código Civil y de la Ley de Enjuiciamiento Civil*, formada por três Capítulos, 25 Artigos e várias disposições adicionais[52]. Apesar do uso do termo "menor", diz o Artigo 3, segundo parágrafo: «A presente lei, as suas normas de desenvolvimento e as demais disposições legais relativas às pessoas menores de idade serão interpretadas em conformidade com os Tratados Internacionais de que a Espanha for parte e, nomeadamente, de acordo com a *Convenção sobre os direitos da criança* das Nações Unidas, de 20 de Novembro de 1989».

Contudo, a via mais frequente de integração das normas da Convenção no Direito interno é através de legislação sectorial, que

[51] V. http://goagovt.nic.in/documents/goachildact2003.pdf
[52] V. www.boe.es/boe/dias/1996/01/17/pdfs/A01225-01238.pdf

vai introduzindo gradualmente as alterações legislativas necessárias. Esta abordagem fragmentada tem o risco de gerar conflitos normativos e provocar confusões de interpretação, se as alterações legislativas introduzidas num sector não forem acompanhadas das alterações que elas implicam noutros sectores.

A legislação interna sobre os direitos da criança pode ir mais longe do que a própria Convenção. Por exemplo, em relação ao direito da criança de ser ouvida sobre todos os assuntos que lhe digam respeito, há leis que não estabelecem nenhuma idade mínima. O Supremo Tribunal da Costa Rica determinou que não há idade mínima para agir contra a violação dos direitos constitucionais. No Equador, o *Código de la Niñez y Adolescencia* (Ley N.º 100, 2003)[53] inclui na proibição de discriminação das crianças e adolescentes a discriminação por causa da sua «orientação sexual» (Artigo 6), que não consta formalmente da Convenção. Pelo contrário, na *Lei sobre a protecção e promoção dos direitos da criança* (Lei 272/2004) adoptada pela Roménia em 2004, a norma que proíbe a discriminação (Artigo 7) não inclui a religião (que é mencionada no Artigo 2 da Convenção)[54]. Nos termos da *Lei dos direitos da criança* (Lei 2570-XII) adoptada pela República de Belarus em 1993 (revista em 2007): «Uma criança com menos de 7 anos tem o direito de viajar gratuitamente nos transportes públicos urbanos de passageiros (com excepção dos táxis) e também nos transportes públicos motorizados e ferroviários nos serviços locais» (Artigo 12)[55].

Um documento revelador da influência jurídica da Convenção é a *Opinión Consultiva* (OC-17/2002) do Tribunal interamericano dos direitos humanos, solicitada pela Comissão interamericana dos direitos humanos, em 2002, intitulada *Condición jurídica y derechos humanos del niño*[56]. Justifica-se citá-la, aqui, amplamente.

A Consulta da Comissão tinha como objecto a interpretação dos Artigos 8 e 25 da *Convenção americana dos direitos humanos* (1969)[57], relativos às garantais judiciais e à protecção judicial, res-

---

[53] V. www.edufuturo.com/imageBDE/EF/78388.codigoninez.pdf

[54] V. www.crin.org/Law/instrument.asp?InstID=1188

[55] V. www.crin.org/Law/instrument.asp?InstID=1282

[56] V. www.iin.oea.org/Corte_interamericana_derechos_humanos.pdf

[57] V. www.fd.uc.pt/hrc/enciclopedia/documentos/instrumentos_regionais/america/convencao_americana_direitos_humanos.pdf

pectivamente, para determinar os limites do Estado na aplicação do Artigo 10 (Direitos da criança): «Toda a criança tem direito às medidas de protecção que a sua condição de menor requer por parte da sua família, da sociedade e do Estado». Observando que as medidas das autoridades estatais tendem a debilitar as garantias judiciais dos menores, a Comissão solicitava ao Tribunal o estabelecimento de critérios gerais sobre a matéria. Posteriormente, requereu também ao Tribunal a interpretação de outros Tratados, nomeadamente da *Convenção sobre os direitos da criança.*

Em conformidade com o Regulamento do Tribunal, o texto da Consulta foi distribuído aos Estados Membros da Organização dos Estados Americanos (OEA) e a vários dos seus órgãos. O Presidente do Tribunal decidiu também organizar uma audiência pública sobre a Consulta em que participaram algumas ONGs na qualidade de *amici curiae*.

Nas suas observações, o Estado da Costa Rica disse (segundo o resumo do Tribunal):

> A *Convenção sobre os direitos da criança*, entre outros instrumentos internacionais, e a elaboração da doutrina da protecção integral trouxeram consigo o surgimento do Direito das crianças como um novo ramo jurídico, fundado em três pilares fundamentais: *o interesse superior da criança*, entendido como a premissa sob a qual se deve interpretar, integrar e aplicar a normatividade da infância e da adolescência, e que constitui, por isso, um limite à discricionariedade das autoridades na adopção de decisões relacionadas com as crianças; *o menor de idade como sujeito de direito*, de modo que lhe são reconhecidos tanto os direitos humanos básicos como os que sejam próprios da sua condição de criança; e *o exercício dos direitos fundamentais e seu vínculo à autoridade parental*: sendo que a autoridade parental tem como único fim procurar para a criança a protecção e os cuidados indispensáveis para garantir o seu desenvolvimento integral, constitui uma responsabilidade e um direito para os pais, mas também um direito fundamental para as crianças a serem protegidas e orientadas até alcançar a sua plena autonomia. Por isso, o exercício da autoridade deve diminuir conforme avança a idade da criança. (p. 16)

A Comissão interamericana dos direitos humanos disse que a *Convenção sobre os direitos da criança* era «a culminação de um processo durante o qual se construiu o chamado modelo ou doutrina da protecção integral dos direitos da criança», em que «os Estados se comprometem a transformar a sua relação com a infância», abandonando a concepção da criança como «incapaz» (p. 20-21). Na opinião da Comissão, a Convenção de 1989 «reclama o reconhecimento da autonomia e subjectividade da criança e estabelece o peso que a sua opinião pode e deve ter nas decisões dos adultos» (p. 26).

A Federação Coordenadora das ONGs que trabalham com a Infância e a Adolescência – CODENI, Nicarágua, observou: «Relativamente a este sector da população, torna-se conveniente utilizar a terminologia "meninas, meninos e adolescentes", para resgatar a sua condição de sujeitos sociais e de Direito, produto da sua personalidade jurídica, e deixar para trás a política da situação irregular, que utiliza o vocábulo "menores" de forma pejorativa» (p. 29).

No dispositivo da sua Opinião, o Tribunal disse, nomeadamente:

34. Ao afirmar a sua competência sobre este assunto, o Tribunal recorda o amplo alcance da sua função consultiva, única no Direito Internacional contemporâneo [...].
41. A maioridade comporta a possibilidade de exercício pleno dos direitos, também conhecida como capacidade de agir. [...] Nem todos possuem esta capacidade: carecem dela, em grande medida, as crianças. Os incapazes encontram-se sujeitos à autoridade parental ou, na sua falta, à tutela ou representação. Mas todos são sujeitos de direitos, titulares de direitos inalienáveis e inerentes à pessoa humana.
[...]
46. ... Existem certas desigualdades de facto que podem traduzir-se, legitimamente, em desigualdades de tratamento jurídico, sem que isso contrarie a justiça. Mais ainda, tais distinções podem ser um instrumento para a protecção daqueles que devem ser protegidos, considerando a situação de maior ou menor debilidade ou desamparo em que se encontram.
[...]
54. Tal como fora assinalado nas discussões da *Convenção sobre os direitos da criança*, é importante destacar que as crianças possuem os direitos que pertencem a todos os seres humanos – menores e adultos – e têm, além disso, direitos especiais derivados da sua condição, a que correspondem deveres específicos da família, da sociedade e do Estado.
[...]
56. Este princípio regulador da normatividade dos direitos da criança [interesse superior da criança] funda-se na própria dignidade do ser humano, nas características próprias das crianças e na necessidade de favorecer o seu

desenvolvimento, com aproveitamento pleno das suas potencialidades, assim como na natureza e alcance da *Convenção sobre os direitos da criança.*
[...]
65. Para bem da tutela efectiva da criança, toda a decisão estatal, social ou familiar que implica alguma limitação ao exercício de qualquer direito deve tomar em conta o interesse superior da criança e ajustar-se rigorosamente às disposições que regem esta matéria.
66. ... Neste sentido, "o reconhecimento da família como elemento natural e fundamental da sociedade", com direito à "protecção da sociedade e do Estado", constitui um princípio fundamental do Direito Internacional dos Direitos Humanos [...].
69. ... O Tribunal europeu dos direitos humanos sustentou, em diversas ocasiões, que o conceito de vida familiar "não está reduzido unicamente ao matrimónio e deve abranger outros laços familiares de facto, em que as partes têm vida em comum, fora do casamento".
[...]
74. ... Deve existir um justo equilíbrio entre os interesses do indivíduo e os da comunidade, assim como entre os do menor e seus pais. A autoridade que se reconhece à família não implica que esta possa exercer um controlo arbitrário sobre a criança que pudesse causar dano à saúde e ao desenvolvimento do menor. Estas e outras preocupações vinculadas a elas determinam o conteúdo de vários preceitos da Convenção sobre os Direitos da Criança (artigos 5, 9, 19 e 20, *inter alia*).
[...]
84. Deve destacar-se que, dentro das medidas especiais de protecção das crianças e entre os direitos que lhes são reconhecidos no Artigo 19 da Convenção Americana, figura, de modo destacado, o direito à educação, que favorece a possibilidade de gozar de uma vida digna e contribui para prevenir situações desfavoráveis para o menor e para a própria sociedade.
[...]
86. Em suma, a educação e o cuidado da saúde das crianças pressupõem diversas medidas de protecção e constituem os pilares fundamentais para garantir o gozo de uma vida digna por parte das crianças que, em virtude da sua imaturidade e vulnerabilidade, se encontram, por vezes, desprovidos dos meios adequados para a defesa eficaz dos seus direitos.
[...]
135. As normas internacionais procuram excluir ou reduzir a "judicialização" dos problemas sociais que afectam as crianças, que podem e devem ser resolvidos, em muitos casos, com medidas de carácter diverso, ao abrigo do Artigo 19 da Convenção Americana, mas sem alterar ou diminuir os direitos das pessoas. [...]

O Tribunal concluiu:

1. Que, em conformidade com a normatividade contemporânea do Direito Internacional dos Direitos Humanos, em que se enquadra o Artigo 19 da *Convenção americana dos direitos humanos*, as crianças são titulares de direitos, e não apenas objecto de protecção.
2. Que a expressão "interesse superior da criança", consagrada no Artigo 3 da *Convenção sobre os direitos da criança*, implica que o desenvolvimento desta e o exercício pleno dos seus direitos devem ser considerados como critérios directores para a elaboração de normas e a aplicação destas em todos os domínios da vida da criança.
[...]
7. Que o respeito do direito à vida [...] compreende também a obrigação de adoptar as medidas necessárias para que a existência das crianças decorra em condições dignas.
8. Que a verdadeira e plena protecção das crianças significa que estas possam desfrutar amplamente de todos os seus direitos, entre eles os económicos, sociais e culturais, que lhes são atribuídos pelos diversos instrumentos internacionais. Os Estados Partes nos tratados internacionais de direitos humanos têm a obrigação de adoptar medidas positivas para assegurar a protecção de todos os direitos da criança.
[...]
10. Que nos procedimentos judiciais ou administrativos em que se decidam direitos das crianças devem ser observados os princípios e as normas do processo justo. [...]
11. Que os menores de 18 anos suspeitos de conduta delituosa devem ser sujeitos a órgãos jurisdicionais diferentes daqueles a que são sujeitos os maiores de idade. [...]
12. Que a conduta que motive a intervenção do Estado nos casos a que se refere o ponto anterior deve estar descrita na lei penal. [...]
13. Que é possível utilizar vias alternativas de resolução das controvérsias que afectem as crianças, mas é necessário regulamentar com especial cuidado a aplicação destes meios alternativos para que não se altere ou diminua os direitos daquelas.

No que respeita à vida quotidiana das crianças, as duas principais fontes de informação são os relatórios dos Estados ao Comité dos direitos da criança, com as respectivas Observações Finais, e os relatórios da UNICEF sobre a situação da infância no mundo, publicados anualmente. De acordo com eles, o panorama mundial é ainda muito contrastado, com zonas muito sombrias.

Na realidade, as resistências e obstáculos ao respeito, protecção e realização dos direitos da criança são ainda múltiplos e poderosos.

Durante a longa preparação da *Convenção sobre os direitos da criança*, estiveram em confronto duas posições sobre a sua abordagem: uma posição favorável a uma *abordagem protecção* da criança, como *objecto* do Direito, outra favorável a uma *abordagem autonomização* da criança, como *sujeito* de direitos. A segunda prevaleceu, mas a primeira continua ainda profundamente enraizada nas culturas, nas mentalidades, nos costumes, por vezes com virulência. Por exemplo, nas Observações Finais sobre um relatório apresentado pelas Ilhas Marshall, o Comité dos direitos da criança constatou que «a abordagem geral do Estado Parte é mais orientada para o bem-estar do que baseada nos direitos da criança» (CRC/C/15/Add.139, 2000, par. 26)[58].

A visão da criança como objecto e bem doméstico tem uma expressão nas reservas formuladas por vários Estados, no momento da ratificação ou de adesão à Convenção, afirmando a prioridade das leis, crenças e tradições nacionais sobre normas da Convenção, em caso de conflito, reservas consideradas inadmissíveis pela referida *Convenção de Viena sobre o Direito dos Tratados* (1969) (v. nota 13).

A Convenção de Viena autoriza a formulação de reservas[59], mas devem ser compatíveis «com o objecto e a finalidade do tratado» (Artigo 19). Esta condição é formalmente recordada pela *Convenção sobre os direitos da criança* (Artigo 51.2): «Não é autorizada nenhuma reserva incompatível com o objecto e a finalidade da presente Convenção». Estas disposições foram evocadas pelo Comité dos direitos da criança no seu Comentário Geral 5 (v. nota 23):

> 15. O Comité está profundamente preocupado por alguns Estados terem formulado reservas que infringem claramente o Artigo 51(2), ao referir, por exemplo, que o respeito da Convenção está limitado pela Constituição ou legislação vigentes no Estado, incluindo, nalguns casos, o direito religioso.

---

[58] V. www.unhchr.ch/tbs/doc.nsf/(Symbol)/e91ea24ff52b434ac125697a00339c0c?Opendocument

[59] Segundo o Artigo 2.1.d da Convenção de Viena: «"reserva" significa uma declaração unilateral, quaisquer que sejam os seus termos ou designação, feita por um Estado quando assina, ratifica, aceita, aprova ou acede a um tratado, com a qual pretende excluir ou modificar o efeito jurídico de algumas disposições do tratado na sua aplicação a esse Estado».

O Artigo 27 da Convenção de Viena sobre o Direito dos Tratados prescreve: "Uma Parte não poderá invocar as disposições do seu direito interno como justificação para o incumprimento de um tratado."

Uma típica interpretação incompatível com o objecto e a finalidade da Convenção é a seguinte Declaração da República de Singapura[60]:

> (1) A República de Singapura considera que os direitos da criança, tal como estão definidos na Convenção, em particular os direitos definidos nos Artigos 12 a 17, devem, de acordo com os Artigos 3 e 5, ser exercidos com respeito pela autoridade dos pais, escolas e outras pessoas que têm a seu cargo a criança, no interesse superior da criança e em conformidade com os costumes, os valores e as religiões da sociedade multirracial e multirreligiosa de Singapura, relativos ao lugar da criança dentro e fora da família.
> (2) A República de Singapura considera que os Artigos 19 e 37 da Convenção não proíbem:
> [...]
> (c) a judiciosa aplicação de castigos corporais, no interesse superior da criança.

Vários países ocidentais (entre os quais Portugal) declararam formalmente que não aceitam este tipo de reservas.

A Assembleia Geral das Nações Unidas e o Comité dos direitos da criança recomendam aos Estados que reconsiderem as suas reservas. Há também, no âmbito do Conselho da Europa, a *Recomendação N.º R (99) do Comité de Ministros aos Estados Membros sobre as respostas a reservas inadmissíveis aos tratados internacionais* (1999), que inclui um Apêndice com um "Modelo de cláusulas de resposta às reservas"[61]. Alguns Estados têm retirado as suas reservas.

A verdade é que muitas das normas da Convenção de 1989 têm como base normas internacionais já existentes, nomeadamente nos Pactos Internacionais de 1966.

Os argumentos dos adversários mais contumazes da Convenção podem ser assim resumidos:

---

[60] V.http://treaties.un.org/Pages/ViewDetails.aspx?src=TREATY&mtdsg_no=IV-11&chapter=4&lang=en

[61] V.www.coe.int/t/e/legal_affairs/legal_co-operation/public_international_law/texts_&_documents/Rec(99)13E.pdf

- A Convenção é "anti-criança": os direitos reconhecidos à criança são prematuros, porque não têm em conta que ela não é um adulto.
- A Convenção é "anti-família": degrada a instituição familiar porque menospreza o direito natural dos pais de educar os filhos como bem entenderem.

Estas objecções estão subjacentes, por exemplo, às resistências que tem encontrado, nos EUA, a ratificação da Convenção, mas há outras[62]. Martha Albertson Fineman comenta:

---

[62] Antes de ratificar um instrumento jurídico internacional, cada Estado examina a conformidade do seu Direito interno com as respectivas normas, e a ratificação tem de ser previamente aprovada pelo órgão legislativo competente. Nos EUA, é o Senado que tem essa competência. Se um Tratado contém disposições contrárias à Constituição norte-americana, não pode ser aprovado, mas se for ratificado tem valor de lei federal, ou seja, superior às leis dos Estados federados.

Quando terminou a segunda guerra mundial, a discriminação racial, nomeadamente, vigorava em vários Estados norte-americanos. Sendo os EUA um membro fundador das Nações Unidas, colocou-se a questão das suas obrigações relativamente às disposições da respectiva Carta sobre o respeito dos direitos humanos. A sua natureza *self-executing* (directamente aplicável) foi rejeitada pelo Supremo Tribunal da Califórnia, designadamente.

Em 1963, a política norte-americana de não participação nos Tratados sobre os direitos humanos alterou-se, quando o Presidente Kennedy enviou ao Senado três Tratados para a aprovação indispensável à sua ratificação. Um deles era a *Convenção sobre os direitos políticos da mulher* (1952), que só viria a ser ratificada em 1976. No ano seguinte (1977), o Presidente Carter, que fez da promoção dos direitos humanos a pedra angular da política externa da sua Administração, assinou pessoalmente, num gesto raro, os dois Pactos Internacionais sobre os direitos humanos de 1966, assim como a *Convenção americana sobre os direitos humanos* (1969), e enviou os três instrumentos jurídicos, juntamente com a *Convenção sobre a eliminação de todas as formas de discriminação racial* (1965), para aprovação do Senado. O *Pacto internacional sobre os direitos civis e políticos* só foi ratificado em 1992, mas o *Pacto internacional sobre os direitos económicos, sociais e culturais* ainda aguarda ratificação. O mesmo se passa com a *Convenção americana sobre os direitos humanos*. A *Convenção sobre a eliminação de todas as formas de discriminação racial* foi ratificada em 1994. Outros exemplos desta lentidão são a *Convenção para a prevenção e a repressão do crime de genocídio* (1948), enviada ao Senado em 1949 e aprovada para ratificação apenas em 1986; e a *Convenção sobre a eliminação de todas as formas de discriminação para com as mulheres* (1979), assinada em 1980 e ainda não ratificada.

Os opositores da adesão dos EUA aos instrumentos jurídicos internacionais sobre os direitos humanos utilizam três argumentos principais: os direitos humanos são uma questão interna; muitos desses instrumentos são da jurisdição de cada Estado federado; algumas das

What is Right for Children? está construído em volta de uma série de afirmações provocadoras. A primeira é que, nos Estados-Unidos, as crenças religiosas conservadoras sobre o exercício apropriado da autoridade na família têm sido reforçadas pela lei. Em segundo lugar, essas crenças estão entrelaçadas com um sentido secular, complementar e bem entrincheirado, de não intervenção na família, baseado em estreitos princípios de *common law* dos direitos parentais e privacidade da família. Estes entrelaçados postulados religiosos e seculares fazem parte de um quadro explicativo para considerar porque é que os EUA ainda não ratificaram a Convenção das Nações Unidas sobre os direitos da criança (CDC) (1989), uma situação que distingue os EUA de todas as nações do mundo, com excepção da Somália.
[...]
Os Estados-Unidos são, teoricamente, um Estado secular, mas a religião tem, de longe, um lugar mais central nas suas políticas do que nos Estados europeus [...]. Nestes outros países contemporâneos avançados, as normas internacionais dos direitos humanos são, agora, explicitamente, o pano de fundo da discussão das políticas internas e definem as obrigações governamentais. As normas dos direitos humanos deslocaram, em sentido político verdadeiramente real, ideias históricas sobre a hierarquia e os tradicionais papéis da família.
Nos Estados-Unidos, pelo contrário, a resistência às emergentes normas internacionais da dignidade individual e da substantiva igualdade parece especialmente pronunciada em relação ao género, à sexualidade e às questões familiares. Historicamente, as doutrinas religiosas moldaram a nossa compreensão cultural e social da família americana. [...]
Quando ocorreram mudanças na percepção jurídica da família, os proponentes da ortodoxia religiosa nos Estados-Unidos reagiram como se a própria religião fosse ameaçada. Já não é a possibilidade de novas formas – mas o receio de que a religião esteja a ser deslocada por um quadro ainda mais secular. A resistência ao secularismo parece ser uma característica-chave do fundamentalismo americano. (Fineman, 2009: 1, 2, 3)

---

suas disposições são incompatíveis com a Constituição norte-americana. Argumentos que são refutados pela corrente doutrinária contrária.

Uma causa da lentidão do Senado, para além da controvérsia jurídica e da politização do tema dos direitos humanos, é o seu costume de não examinar mais do que um Tratado de cada vez. Bürgenthal escreveu: «A posição dos Estados-Unidos relativamente ao Direito Internacional dos Direitos Humanos é um feixe de contradições» (Bürgenthal, 1988: 21).

Note-se, contudo, que os EUA já ratificaram (em 2002) os dois Protocolos Facultativos à Convenção.

A Convenção é um texto eticamente e juridicamente ousado, mas realista. Não idealiza a criança. Procura um equilíbrio entre os direitos de protecção e os direitos de autonomia, e entre os direitos da criança, as responsabilidades das famílias e as obrigações dos Estados, no interesse superior da criança. Tem na devida conta, designadamente, as responsabilidades e direitos da família (v. por exemplo os parágrafos quinto e sexto do Preâmbulo e os Artigos 5, 8, 9, 10, 16, 18, 22, 24 e 37). A importância da família foi objecto de um "Dia de Debate Geral" sobre "O papel da família na promoção dos direitos da criança" (1994). Foi também amplamente salientada pela Assembleia Parlamentar do Conselho da Europa, na sua *Recomendação 1501 (2001) sobre "As responsabilidades dos pais e dos professores na educação das crianças"*[63]. A Convenção também é flexível, pois admite a progressividade da realização de várias das suas disposições, assim como restrições a direitos, se forem legítimas (Artigos 10.2, 13.2, 14.3 e 15.2). Como se lê num Manual das Nações Unidas:

> Com a Convenção, foi dada autonomia aos direitos das crianças – não com a intenção de afirmá-los em oposição aos direitos dos adultos ou como uma alternativa aos direitos dos pais, mas para fazer entrar em cena uma nova dimensão: a consideração da perspectiva da criança no quadro do valor essencial da família.
> A criança é, portanto, reconhecida na sua fundamental dignidade e individualidade, com o direito de ser diferente e divergir na sua avaliação da realidade. (United Nations, 1997: 446)

Por outras palavras, a relação entre os direitos da criança e os direitos dos pais e dos adultos em geral não é um jogo de soma zero, em que uma parte só ganha aquilo que a outra perde. A interpretação e aplicação da Convenção devem ter em conta duas distinções fundamentais:

- Gozo e exercício dos direitos
  Uma criança é um ser humano igual aos adultos em dignidade e direitos, desde o seu nascimento. É juridicamente incapaz

---

[63] V. http://assembly.coe.int/Mainf.asp?link=/Documents/AdoptedText/ta01/EREC1501.htm

(*menor*) apenas na medida em que só progressivamente vai adquirindo a capacidade para exercer os seus direitos com autonomia, necessitando, por isso, da ajuda dos adultos, principalmente dos pais.

- Direito subjectivo e direito funcional
A responsabilidade dos adultos para com a criança confere-lhes direitos que são apenas funcionais, isto é, a sua legitimidade é função da incapacidade da criança para exercer ela própria os seus direitos subjectivos, diminuindo, pois, à medida que ela cresce.

Resumindo, os obstáculos maiores à realização dos direitos da criança estão na pobreza, com as violências que gera, mas a mais profunda resistência reside nas mentalidades, com os costumes que as reflectem. Até «as próprias Constituições apoiam, com frequência, explicitamente, os direitos dos pais de educar os filhos como entenderem, sem referência aos direitos próprios da criança», como se lê num estudo da UNICEF (2002: 66).

3

Ética dos Direitos da Criança

Os preâmbulos da *Carta das Nações Unidas* e da *Declaração universal dos direitos humanos* falam de «fé nos direitos humanos fundamentais, na dignidade e valor da pessoa humana, nos direitos iguais dos homens e mulheres».

A Assembleia Geral das Nações Unidas, numa Resolução adoptada a propósito do seu 25.º aniversário [Resolução 2627 (XXV) de 2 de Novembro de 1970], afirmou:

> 8. As Nações Unidas, nos seus primeiros vinte e cinco anos, esforçaram-se por realizar os objectivos de promover o respeito e a observância dos direitos humanos e liberdades fundamentais para todos. As convenções e declarações internacionais concluídas sob os seus auspícios dão expressão à consciência moral da humanidade e são normas humanitárias para todos os membros da comunidade internacional.[64]

Em 1998, na Mensagem que dirigiu à sessão comemorativa do 50.º aniversário da *Declaração universal dos direitos humanos*, realizada no *Palais de Chaillot*, em Paris, local onde foi proclamada, o Secretário-Geral das Nações Unidas (Kofi Annan) disse: «A Declaração procede daquilo que o homem pode imaginar de mais belo e do que ele pode fazer de mais horrível. Define as exigências mínimas da consciência humana»[65].

Como escreveu Jean Rivero, os direitos humanos são «uma ética juridicamente sancionada, fundada no respeito do outro, que se impõe a todos e cujas exigências ainda não foram todas avaliadas» (Rivero, 1989: 182).

---

[64] V. http://daccessdds.un.org/doc/RESOLUTION/GEN/NR0/348/92/PDF/NR034892.pdf?OpenElement

[65] Disponível em Junho de 2009: http://huwu.org/News/fr-press/docs/1998/19981210.sgsm6828.html

Nos Tratados, os Estados Partes *reconhecem* os direitos humanos. Os direitos humanos significam uma *Ética do Reconhecimento* do primado absoluto da pessoa humana, cuja dignidade é a fonte e a finalidade de direitos universais. É uma Ética com força jurídica e exigências políticas, económicas, pedagógicas e outras. À luz do Direito Internacional dos Direitos Humanos, pode ser assim resumida – é uma Ética da:

- Dignidade e liberdade
- Igualdade, diversidade e não discriminação
- Reciprocidade, tolerância e solidariedade
- Democracia, desenvolvimento e paz
- Responsabilidade Comum da Humanidade por todas as condições da sua sobrevivência e possibilidades de engrandecimento, nomeadamente pela preservação do seu património genético, natural e cultural.

Também os direitos da criança têm uma significação ética. A Convenção utiliza o termo 'valores' no Preâmbulo (penúltimo parágrafo) e no Artigo 29.1 (duas vezes). Este último foi objecto do primeiro Comentário Geral do Comité dos direitos da criança (v. nota 23), onde se lê: «Os direitos da criança não são valores separados ou isolados, sem contexto, mas situam-se num quadro ético mais amplo, descrito em parte no Artigo 29(1) e no preâmbulo da Convenção» (par. 7). Neste Comentário, o Comité utiliza 28 vezes o termo 'valores', bem como as expressões "a gama de valores éticos específicos consagrados na Convenção" e "valores dos direitos humanos".

A Ética dos Direitos da Criança, inscrita na Ética dos Direitos Humanos, pode ser definida como o conjunto dos valores morais que devem respeitar os adultos na sua relação com as crianças, à luz dos direitos que lhes são universalmente reconhecidos.

De acordo com a *Declaração sobre a missão da UNICEF* adoptada pelo seu Conselho Executivo em 1996: «A UNICEF guia-se pela Convenção sobre os direitos da criança e esforça-se por estabelecer os direitos das crianças como portadores de princípios éticos e de normas internacionais de comportamento para com as crianças»[66].

---

[66] V. www.unicef.org/about/who/index_mission.html

Por isso, «a acção da UNICEF já não está focada apenas na satisfação das necessidades das crianças, mas no reconhecimento e realização dos seus direitos humanos» (Pais, 1999: 5, 6).

A Ética dos Direitos da Criança pode ser resumida nos seguintes princípios:

- Primado do interesse superior da criança e prioridade das crianças
- Desenvolvimento e autonomia progressiva da criança
- Responsabilidade pelas crianças

3.1. **Primado do interesse superior da criança e prioridade das crianças**

A noção de "interesse da criança" não é recente no Direito da Família e legislação sobre o bem-estar da criança, designadamente em matéria de divórcio e de adopção. Emergiu no Código Civil francês. Como escreveu Demolombe, em meados do século XIX, o Código de Napoleão reconhece o poder paternal no interesse de todos os interessados: «principalmente no interesse superior da criança [...], do pai e da mãe [...], do próprio Estado» (cit. in Rubellin-Devichi, 1994: 261). Era um princípio jurídico que apelava principalmente aos sentimentos e à auto-limitação do poder paternal. Em França, por exemplo, uma Lei de 24 de Julho de 1889 permitia aos tribunais decidir a privação do poder paternal. Numa sentença de 30 de Abril de 1959, um Tribunal de Paris decidiu que a autoridade paterna tem como única legitimidade os deveres dos pais «no interesse superior da criança». Esta é a «sua justificação e os seus limites» (p. 262).

O princípio do primado do "interesse superior da criança" entrou no Direito Internacional com a *Declaração dos direitos da criança* (Nações Unidas, 1959, Princípio 2). O seu primado foi reafirmado por outros instrumentos internacionais, com mais ou menos vigor: como "interesse superior" ou simplesmente "interesse", e como *a* ou apenas *uma* "consideração" (ou "princípio"), devendo ser "primordial" ou "primário" (ou "director" ou "prioritário"). Em 1988, a 16.ª Conferência dos Ministros da Justiça Europeus, reunida em Lisboa, a 21-22 de Junho, adoptou uma Resolução (n.º 2) sobre "O primado do interesse da criança no domínio do Direito Privado".

A *Convenção sobre os direitos da criança* conferiu ao primado do interesse superior da criança uma amplitude inédita: consagrou-o como princípio-guia do exercício das responsabilidades públicas e privadas em relação às crianças. A sua formulação mais geral está no seu Artigo 3.1:

> Em todas as decisões que digam respeito às crianças, quer sejam tomadas pelas instituições públicas ou privadas de bem-estar social, pelos tribunais, pelas autoridades administrativas ou pelos órgãos legislativos, o interesse superior da criança deve ser uma consideração primordial.

Referências ao interesse superior da criança encontram-se, ainda, no Artigo 9.1 e 9.3 (separação da criança da sua família); no Artigo 18.1 (responsabilidade parental); no Artigo 20.1 (colocação familiar); no Artigo 21 (adopção); no Artigo 37.c (privação da liberdade); e no Artigo 40.2.b.iii (justiça juvenil). A formulação mais forte é a do Artigo 21: «Os Estados Partes que reconhecem e/ou permitem o sistema de adopção asseguram que o interesse superior da criança é a consideração primordial».

Como sabemos, o Comité dos direitos da criança considera o interesse superior da criança como um dos "princípios gerais" da Convenção. Tornou-se um dos «princípios gerais do Direito reconhecidos pelas nações civilizadas» que o célebre Artigo 38.1.c do *Estatuto do Tribunal Internacional de Justiça*, anexo à Carta das Nações Unidas, considera como uma das fontes do Direito Internacional[67]. Assim o entende, por exemplo, em França, o Conselho de Estado, que decidiu, em Acórdão de 22 de Setembro de 1997, que o interesse superior da criança é um princípio superior do Direito, directamente aplicável na ordem jurídica interna (v. Dekeuwer-Défossez, 1991: 5, 6).

O primado do interesse superior da criança é reconhecido por várias Constituições e muitas leis sobre as crianças e os seus direitos, por vezes em termos mais fortes do que na própria Convenção de 1989. A Constituição da República da África do Sul (1996) é frequentemente citada por incluir um desenvolvido articulado sobre os direitos da criança (Secção 28, incluída no extenso *Bill of Rights* do

[67] V. www.icj-cij.org/documents/index.php?p1=4&p2=2&p3=0

Capítulo II)[68]. O Comité dos direitos da criança, nas suas Observações Finais sobre o segundo Relatório periódico apresentado pela Itália (CRC/C/15/Add.198, 2003, par. 23)[69], «regozija-se por o Tribunal Constitucional ter feito do interesse superior da criança um princípio constitucional, mas continua preocupado por ele não ser plenamente aplicado e devidamente integrado na realização das políticas e programas do Estado Parte». Na Colômbia, a *Ley 1098 de 2006 por la cual se expide el Código de la Infancia y la Adolescencia*[70] afirma (Artigo 6): «As normas contidas na Constituição Política e nos Tratados ou Convenções Internacionais de direitos humanos ratificados pela Colômbia, em especial a *Convenção sobre os direitos da criança*, farão parte integral deste Código e servirão de guia para a sua interpretação e aplicação. Em todo o caso, será sempre aplicada a norma mais favorável ao interesse superior da criança ou adolescente». De acordo com o Artigo 9:

> Em todo o acto, decisão ou medida administrativa, judicial ou de qualquer natureza que deva adoptar-se com as crianças e os adolescentes, prevalecerão os direitos destes, especialmente se houver conflito entre os seus direitos fundamentais e os de qualquer outra pessoa.
> Em caso de conflito entre duas ou mais disposições legais, administrativas ou disciplinares, aplicar-se-á a norma mais favorável ao interesse superior da criança ou adolescente.

Diz também o Artigo 203:

As políticas públicas da infância, da adolescência e da família, como políticas de Estado, reger-se-ão, no mínimo, pelos seguintes princípios:

> 1. Interesse superior da criança ou adolescente.
> 2. Prevalência dos direitos das crianças e adolescentes.[71]
> 3. Protecção integral.
> [...]

---

[68] V. www.info.gov.za/documents/constitution/1996/96cons2.htm#28

[69] V.www.unhchr.ch/tbs/doc.nsf/898586b1dc7b4043c1256a450044f331/5614256f690c78e6c1256d2b0046dd7a/$FILE/G0340841.pdf

[70] V. www.unicef.org/colombia/pdf/codigo-infancia-com.pdf

[71] V. www.info.gov.za/documents/constitution/1996/96cons2.htm

Na Roménia, a *Lei sobre a protecção e promoção dos direitos da criança* (Lei 272/2004) determina que toda a legislação sobre os direitos da criança está «subordinada, primariamente, ao interesse superior da criança» (Artigo 2.1)[72]. Em Goa (Índia), o *Goa Children's Act 2003* começa por declarar que é: «*Uma Lei para proteger, promover e preservar o interesse superior das Crianças em Goa e criar uma sociedade que tem orgulho em ser amiga da criança*»[73].

O Código Civil francês prescreve o primado do interesse da criança logo no princípio do *Titre IX: De l'autorité parentale* (Artigo 371-1):

> A autoridade parental é um conjunto de direitos e de deveres que têm como finalidade o interesse da criança.
> Pertence ao pai e à mãe, até à maioridade ou à emancipação da criança, para protegê-la na sua segurança, saúde e moralidade, para assegurar a sua educação e permitir o seu desenvolvimento, no respeito devido à sua pessoa.
> Os pais associam a criança às decisões que lhe dizem respeito, de acordo com a sua idade e grau de maturidade.[74]

O Código refere-se em muitas outras disposições ao interesse da criança como critério de decisão. Jean Leonetti comenta: «A fim de garantir o interesse da criança, a sociedade cuida da protecção do menor, mesmo contra os seus pais, organizando um controlo social, tomando medidas de assistência educativa, ou até confiando-a a terceiros» (Leonetti, 2009: 32)[75].

---

[72] V. www.crin.org/Law/instrument.asp?InstID=1188

[73] V. http://goagovt.nic.in/documents/goachildact2003.pdf

[74] V. http://codes-et-lois.fr/code-civil/texte-integral

[75] Todavia, observa Leonetti, «os juízes franceses adoptaram uma posição prudente e contrastada sobre a aplicabilidade das estipulações da Convenção sobre os direitos da criança». Com efeito, «conforme a ordem de jurisdição considerada, as estipulações da Convenção são de aplicação directa ou não, o que conduz a fazer do interesse da criança uma norma jurídica de geometria variável, cujo conteúdo pode ser diferente se for invocado perante a jurisdição administrativa ou a jurisdição judiciária» O autor do conclui:

> Ainda que seja incontestável uma evolução da jurisprudência da *Cour de cassation* [Supremo Tribunal], subsistem, pois, divergências de jurisprudência difíceis de resolver. Se as duas ordens de jurisdição parecem doravante unânimes quanto ao reconhecimento do direito de uma criança de invocar o Artigo 3-1 da Convenção, a *Cour de cassation* reconheceu a aplicabilidade directa do seu Artigo 12, que foi rejeitada pelo *Conseil d'État* [Supremo Tribunal Administrativo]. (Leonetti, 2009: 39, 40)

Há também uma ampla jurisprudência internacional, regional e nacional sobre o primado do interesse superior da criança, nomeadamente de Comités das Nações Unidas, do Tribunal europeu dos direitos humanos e do Tribunal interamericano dos direitos humanos. Por exemplo, embora a *Convenção europeia dos direitos humanos* contenha escassas referências à criança (nos Artigos 5, 6 e no Protocolo adicional 7), a jurisprudência do Tribunal europeu aplica o princípio do primado do interesse superior da criança. No *Case of Yousef v. The Netherlands* (Application n.º 33711/96)[76], decidido a 5 de Fevereiro de 2003:

> 73. O Tribunal reitera que, nas decisões judiciais, quando os direitos dos pais e os de uma criança abrangidos pelo Artigo 8 [da Convenção europeia, sobre o direito ao respeito da vida privada e familiar] estão em causa, os direitos da criança têm de ser a consideração primordial. Se for necessário algum equilíbrio de interesses, os interesses da criança têm de prevalecer [...].

Nas suas Observações Finais sobre os relatórios apresentados pelos Estados Partes, o Comité disse, por exemplo:

> *Finlândia, CRC/C/15/Add.132, 2000, par. 25*:
> Embora reconhecendo os significativos esforços do Estado Parte para respeitar o princípio do interesse superior da criança, o Comité está preocupado com o facto de as autoridades municipais, em particular, nem sempre tomarem este princípio plenamente em consideração e, além disso, de o interesse superior das crianças que procuram asilo ou refugiadas, sem acompanhamento, nem sempre ser uma consideração primária.

> *Dinamarca, CRC/C/15/Add.151, 2001, par. 28*:
> ... o Comité nota que os direitos dos pais são frequentemente considerados mais importantes do que o interesse superior da criança.

> *Noruega, CRC/C/15/Add.263, 2005, par. 21*:
> O Comité manifesta preocupação pelo facto de o interesse superior da criança não ser adequadamente tido em consideração em casos em que estrangeiros que têm filhos na Noruega são deportados de modo permanente como consequência de terem cometido um crime grave.

[76] V. http://cmiskp.echr.coe.int/tkp197/portal.asp?sessionId=30189166&skin=hudoc-en&action=request

A *Convenção sobre os direitos da criança* não define nem indica critérios para a interpretação e aplicação do "interesse superior da criança". Esta indefinição suscita algumas questões essenciais:

- Como escreveu Wolf, «a questão crucial é a de saber se a norma do "interesse superior" é actualmente vista à luz do antigo princípio de protecção especial, que também se encontra na Convenção, ou do novo conceito de direitos individuais» (Wolf, 1992: 128).
- Outra questão é o risco da sua interpretação culturalmente relativista, da sua utilização como cavalo de Tróia de outros interesses, conduzindo à sua *familiarização* e *nacionalização*.
- E que fazer em caso de conflito de interesses, nomeadamente entre os interesses da criança e os interesses dos pais?

O interesse superior da criança é um princípio geral que, como todos os princípios, não tem um conteúdo determinado. É um princípio meta-jurídica cuja concreta determinação requer o contributo de outros profissionais e saberes. Tem um conteúdo sempre contextual e variável, sujeito à diversidade de interpretações de vários interessados (as próprias crianças, os pais, outros familiares, profissionais dos serviços sociais, juízes, etc.)[77]. Contudo, não é um albergue espanhol onde cada um encontra apenas aquilo que leva consigo...

De acordo com a jurisprudência e a doutrina mais reconhecida, os critérios gerais para a sua determinação devem ser o respeito da dignidade e direitos da criança e, em particular, do seu direito de ser ouvida. Na verdade, o interesse verdadeiramente primordial de uma criança está no reconhecimento da sua dignidade e autonomia, fundamento de todos os seus direitos.

A *Convenção sobre os direitos da criança* utiliza o termo 'dignidade' no Preâmbulo (três vezes) e nos Artigos 23, 28, 37, 39 e 40. No seu Comentário Geral 1 (v. nota 23), o Comité dos direitos da criança começa por afirmar:

---

[77] Por isso, suscitou objecções de reconhecidos juristas. Por exemplo, Jean Carbonnier escreveu : «Nada de mais fugidio, de mais próprio a favorecer o arbítrio judicial» (cit. in Leonetti, 2009: 33).

1. O parágrafo 1 do Artigo 29 da Convenção sobre os direitos da criança tem um alcance muito amplo. Os objectivos da educação que nele são enunciados, com que todos os Estados Partes concordaram, promovem, apoiam e protegem o valor que está no coração da Convenção: a dignidade humana inerente a toda a criança e os seus direitos iguais e inalienáveis.

Nas suas Observações Finais sobre o Relatório Inicial da Santa Sé (CRC/C/, Add.46, 1995), o Comité dos direitos da criança manifestou preocupação «sobre as reservas introduzidas pela Santa Sé à Convenção sobre os Direitos da Criança, em particular relativamente ao pleno reconhecimento da criança como sujeito de direitos» (par. 7).

O princípio do interesse superior da criança, à semelhança do princípio de não-discriminação, não tem, pois, uma aplicação autónoma, isolada. Entra em jogo sempre em situações concretas, em relação com determinado direito da criança. «Na verdade, não há nenhum Artigo na Convenção e nenhum direito nela reconhecido relativamente ao qual [este princípio] não seja relevante», como observam Alston y Gilmour-Walsh (cit. in Detrick, 1999: 92). Por consequência, como disse Thomas Hammarberg (2008), Comissário para os Direitos Humanos do Conselho da Europa, que foi membro do Comité dos direitos da criança:

> Isto significa, por exemplo, que é do interesse da criança: receber educação (Art. 28); ter relações com a família (Art. 8); conhecer e ser cuidada pelos pais (Art. 7); ser ouvida nos assuntos que lhe digam respeito (Art. 12); e ser respeitada e vista como indivíduo (Art. 16). Do mesmo modo, a Convenção afirma que não é do interesse superior da criança, por exemplo: ser exposta a qualquer forma de violência (Art. 19); ser indevidamente separada dos pais (Art. 9); ser sujeita a quaisquer práticas tradicionais prejudiciais para a sua saúde (Art. 24); realizar trabalhos que sejam perigosos ou prejudiciais (Art. 32); ou ser objecto de qualquer exploração ou abuso (Arts. 33-36).
> Uma definição como esta tem a vantagem de proporcionar uma interpretação universal do que é do interesse superior da criança.

Alguns Códigos ou Leis sobre as crianças e os seus direitos contêm disposições destinadas a prevenir a errada interpretação e aplicação do interesse superior da criança. Por exemplo, o *Código de la Niñez y Adolescencia* do Equador ordena (Artigo 11):

> O interesse superior da criança é um princípio orientado para satisfazer o exercício efectivo do conjunto dos direitos das crianças e adolescentes; e impõe a todas as autoridades administrativas e judiciais e às instituições públicas e privadas o dever de ajustar as suas decisões e acções para o seu cumprimento.
> [...]
> O interesse superior da criança é um princípio de interpretação da presente Lei. Ninguém poderá invocá-lo contra uma norma expressa e sem escutar previamente a opinião da criança ou adolescente envolvido que estiver em condições de exprimi-la.[78]

Outros textos legislativos incluem orientações para a sua interpretação. Por exemplo, a *Child, Family and Community Service Act* (Part 1, 4.1)[79] adoptada pela Colúmbia Britânica (Canadá), em 1996:

> Quando esta Lei se refere ao interesse superior da criança, devem ser considerados todos os factores relevantes para a sua determinação, incluindo, por exemplo:
> (a) a segurança da criança;
> (b) as necessidades físicas e emocionais e o nível de desenvolvimento da criança;
> (c) a importância da continuidade no cuidado da criança;
> (d) a qualidade da relação que a criança tem com a mãe ou pai ou outra pessoa e o efeito da manutenção dessa relação;
> (e) o património cultural, racial, linguístico e religiosa da criança;
> (f) as opiniões da criança;
> (g) o efeito na criança de um atraso da tomada de uma decisão.

O *Código de la Infancia y la Adolescencia* da Colômbia afirma: «Entende-se por interesse superior da criança e do adolescente o imperativo que obriga todas as pessoas a garantir a satisfação integral e simultânea de todos os seus direitos humanos, que são universais, prevalecentes e interdependentes» (Artigo 8)[80].

O interesse superior da criança é, portanto, um princípio dinâmico, com múltiplas dimensões: física, afectiva, moral, estética, intelectual,

---

[78] V. www.edufuturo.com/imageBDE/EF/78388.codigoninez.pdf

[79] V.www.bclaws.ca/Recon/document/freeside/—%20C%20—/Child%20%20Family%20and%20Community%20Service%20Act%20%20RSBC%201996%20%20c.%2046/00_96046_01.xml

[80] V. www.unicef.org/colombia/pdf/codigo-infancia-com.pdf

social, etc. Tem uma relação consubstancial com o Artigo 12 da Convenção, que o Comité dos direitos da criança incluiu entre os seus "princípios gerais", e que reconhece à criança o direito a ser ouvida sobre «todos os assuntos» que lhe digam respeito, «de acordo com a idade e maturidade da criança». De facto, quando se trata de procurar agir no interesse de alguém, que há de mais óbvio do que procurar saber o que essa pessoa puder e quiser dizer sobre o que lhe interessa?

Como sabemos, o Comité dos direitos da criança realizou, em 2006, um Dia de Debate Geral sobre "O direito da criança a ser ouvida". Em 2009, dedicou-lhe o seu Comentário Geral 12. Segue-se uma tentativa de síntese das suas ideias principais.

– O Comité começa por afirmar:

  1. O Artigo 12 da *Convenção sobre os direitos da criança* (a Convenção) é uma disposição única num tratado sobre os direitos humanos; trata do estatuto jurídico e social das crianças que, por um lado, carecem da plena autonomia dos adultos mas, por outro, são sujeitos de direitos. [...]
  2. O direito de todas as crianças a serem ouvidas e tomadas a sério constitui um dos valores fundamentais da Convenção [... sendo um Artigo que] estabelece não só um direito em si, mas que deve ser também considerado na interpretação e aplicação de todos os outros direitos.
  3. ... Nos últimos anos, emergiu uma prática muito generalizada, que tem sido geralmente conceptualizada como "participação", embora este termo não apareça no texto do Artigo 12. [...]

– O Comité recorda que o direito da criança a ser ouvida tem uma dimensão individual e uma dimensão colectiva (par. 9), e que «é um elemento crucial» da participação como processo, isto é, não como um acto episódico ou um evento avulso (par. 13).

– O direito da criança a ser ouvida impõe obrigações aos Estados Partes (par. 15, 19), mas não é uma obrigação para a criança, que pode não querer exercê-lo (par. 16).

– Por conseguinte, os Estados Partes não podem presumir «que uma criança é incapaz de exprimir as suas opiniões» (par. 20), nem devem estabelecer nenhuma idade mínima para o exercício desse direito, que o Artigo 12 não admite (par. 21). A este respeito, o Comité observa:

A investigação revela que a criança é capaz de ter opiniões desde a mais pequena idade, mesmo quando ainda é incapaz de exprimi-las verbalmente. Por conseguinte, a plena aplicação do Artigo 12 exige o reconhecimento e o respeito pelas formas não verbais de comunicação, incluindo o jogo, a linguagem corporal, as expressões faciais, o desenho e a pintura, através dos quais crianças muito pequenos demonstram compreensão, escolhas e preferências.

– Deve ser prestada especial atenção a crianças com particulares dificuldades de expressão, como as crianças com incapacidades, de grupos minoritários, indígenas, migrantes e outras que não falam a língua maioritária. Mas é necessário também satisfazer o direito das crianças a serem ouvidas, quando são vítimas de crimes, abusos, violências ou outros maus-tratos. Nestes casos, é necessário garantir plenamente a sua protecção e eventualmente a sua privacidade (par. 21). «A "audição" de uma criança é um processo difícil que pode ter um impacto traumático na criança» (par. 24).

– Uma condição da eficácia do direito da criança a ser ouvida é o direito à informação suficiente e em formato acessível sobre tudo o que estiver em causa, em cada caso (par. 25). E as suas opiniões devem ser valorizadas de acordo não apenas com a sua idade, mas tendo em conta também a sua maturidade (par. 28-30)

– O direito da criança a ser ouvida inclui os processos judiciais e administrativos que a envolvam, como:

... separação dos pais, custódia, cuidado e adopção, crianças em conflito com a lei, crianças vítimas de violência física ou psicológica, abuso sexual ou outros crimes, cuidados de saúde, segurança social, crianças não acompanhadas, crianças procurando asilo, refugiadas e vítimas de conflitos armados e de outras situações de emergência. Os procedimentos administrativos típicos incluem, por exemplo, decisões sobre a educação, a saúde, o ambiente, as condições de vida ou a protecção das crianças. Ambos os tipos de procedimentos podem implicar mecanismos alternativos de disputa como a mediação e a arbitração. (par. 32)

Estas diversas situações são objecto dos par. 50-67 e 89-131.

– Nos processos habitualmente mais formais, importa proporcionar à criança os recursos necessários e criar condições adequadas à sua idade que incluem, por exemplo, «a disposição das salas dos tribunais, o traje dos juízes e dos advogados, monitores e salas de espera separadas» (par. 34).

- A criança pode exprimir as suas opiniões directamente ou através de um representante escolhido por si, mas idóneo (par. 35-37).
- A aplicação do Artigo 12 envolve os seguintes momentos: preparação, audição, avaliação da capacidade da criança, informação sobre a importância atribuída às suas opiniões e possibilidade de recurso (par. 40-47).
- O Comité destaca a relação existente entre o Artigo 12 e os outros "princípios gerais" da Convenção, bem como a sua estreita relação com os Artigos 5 (responsabilidades dos pais), 13 (liberdade de expressão) e 17 (direito à informação). «Além disso, o Artigo 12 tem uma conexão com todos os outros Artigos da Convenção, que não podem ser plenamente aplicados se a criança não for respeitada como sujeito com as suas próprias opiniões sobre os direitos incluídos nesses Artigos e sobre a sua aplicação» (par. 68). Essa conexão é objecto dos par. 70-84.
- No que respeita à educação e à escola, o Comité afirma:

  105. O respeito pelo direito da criança a ser ouvida no âmbito da educação é fundamental para a realização do direito à educação. [...]

  108. A educação para os direitos humanos pode moldar as motivações e comportamentos das crianças apenas se os direitos humanos forem praticados nas instituições onde a criança aprende, joga e vive com outras crianças e adultos. [...]

  O Comité dá exemplos de concretização da participação das crianças na escola, designadamente (par. 110-114).
- O Comité conclui afirmando, nomeadamente:

  132. O Comité recomenda insistentemente aos Estados Partes que evitem abordagens formais, que limitam a expressão das opiniões das crianças ou que permitem às crianças serem ouvidas mas não lhes atribuem o devido peso. Sublinha que a manipulação das crianças pelos adultos, colocando-as em situações em que lhes é dito o que elas podem dizer, ou expondo-as a riscos através da participação, não são práticas éticas e não podem ser entendidas como formas de aplicação do Artigo 12.

> 133. Para a participação ser efectiva e ter sentido, tem de ser compreendida como um processo, não como um acontecimento individual isolado. [...]
>
> 134. Os processos de participação devem ser transparentes, voluntários, respeitadores, relevantes, amigos da criança, inclusivos, apoiados por adultos preparados, seguros e sensíveis ao risco, e devem ser avaliados.

Segundo um estudo de Daniel O'Donnell (2009), o direito da criança a ser ouvida está em algumas Constituições, novas ou revistas, como a do Equador, a da Polónia e a da Finlândia. Na Constituição da Finlândia (731/1999), foi incluída a seguinte disposição, em 1995: «As crianças serão tratadas em pé de igualdade e como indivíduos e deve ser-lhes permitido influenciar os assuntos que lhes dizem respeito num grau correspondente ao seu nível de desenvolvimento» (Capítulo 2, Secção 6)[81].

Encontra-se também em muitos Códigos sobre as crianças e os seus direitos, nomeadamente na América Latina. O *Code de Protection de l'Enfant* adoptado pela Tunísia em 1995 afirma (Artigo 10):

> O presente Código garante o direito da criança a exprimir livremente as suas opiniões, que serão tidas em consideração, conforme a sua idade e grau de maturidade, e para esse efeito será dada à criança uma oportunidade especial para exprimir as suas opiniões e ser ouvida em todos os procedimentos judiciais e medidas sociais e educacionais relativas à sua situação.[82]

Na Noruega, a *Lei sobre o Bem-estar da Criança* (revista em 2004) ordena (Secção 6-3):

> Uma criança que atingiu a idade de 7 anos e uma criança com menos idade capaz de ter as suas próprias opiniões serão informadas e terão a oportunidade de exprimir a sua opinião antes de qualquer decisão sobre assuntos que a afectem. A opinião da criança terá um peso conforme à sua idade e maturidade.[83]

Também o *Children Act 2005* da África do Sul contém várias disposições sobre esta matéria.

---

[81] V. www.finlex.fi/fi/laki/kaannokset/1999/en19990731.pdf

[82] V. www.unicef.org.tn/medias/code_protection_fr.pdf

[83] V. www.law.yale.edu/rcw/rcw/jurisdictions/euron/norway/frontpage.htm

Passando à possibilidade de conflitos de interesses, o Artigo 3.1 da Convenção não absolutiza o interesse da criança, porque há circunstâncias em que um interesse da criança pode ter de ser confrontado com outros: com outro seu interesse imediato ou com o seu interesse a longo prazo, com legítimos interesses de outras crianças ou adultos, e até com o interesse da própria sociedade.

Por exemplo, o direito da criança à educação não pode ser prejudicado pela exploração do seu trabalho, mas há situações em que as crianças também precisam de trabalhar para sobreviver ou contribuir para o sustento da família[84]. No plano social, pode ser necessário escolher entre, por exemplo, dar mais só a algumas crianças ou distribuir o que há por todas. Se, num determinado caso, não há solução boa para uma criança ou grupo de crianças, importa adoptar a menos má.

No que respeita aos pais, em particular, se eles querem sempre o melhor para os filhos, o melhor para os filhos pode nem sempre ser o que eles querem. Por exemplo, os pais podem estar sinceramente convencidos de que uma boa educação implica castigar corporalmente os filhos, *para seu bem...* mas não têm o direito de fazê-lo. Por convicção religiosa, podem opor-se à informação e formação dos filhos sobre a sua sexualidade, mas as suas convicções não podem sobrepor-se a uma dimensão tão fundamental do direito à educação; ou podem opor-se a tratamentos indispensáveis à saúde dos filhos, mas não têm esse direito, porque não podem dispor do direito dos filhos à vida e à saúde. Uma criança tem direito a viver com os pais mas, se for objecto de maus-tratos ou abusos no seio da família, pode ser necessário separá-la deles, para sua protecção. Na Roménia, por exemplo, a *Lei sobre a protecção e promoção dos direitos da criança* determina: «O interesse superior da criança tem prioridade também

---

[84] Durante a discussão de um Relatório apresentado ao Comité dos direitos da criança pelo Egipto (CRC/C/SR.68, 1993), um dos membros do Comité (Thomas Hammarberg) observou que (par. 44):

> a questão do trabalho infantil era uma questão difícil. Não era intenção da Convenção nem das Convenções da OIT impedir as crianças de apoiar as suas famílias com trabalhos domésticos ou ajudando nas colheitas. Mas dois objectivos claros eram garantir que todas as crianças recebam, pelo menos, educação primária e não sejam obrigadas a trabalho fisicamente ou mentalmente perigoso.
>
> (V. www.arabhumanrights.org/publications/countries/egypt/crc/crc-c-sr68-93e.pdf)

sobre os direitos e deveres dos pais da criança, tutores legais ou outras pessoas legalmente responsáveis por ela» (Artigo 2.2) (v. nota 54).

A Convenção não ignora «a importância das tradições e dos valores culturais de cada povo para a protecção e o desenvolvimento harmonioso da criança» (penúltimo parágrafo do Preâmbulo). Inclui na finalidade da sua educação o desenvolvimento da sua "identidade cultural" (Artigo 29.1c). Admite, portanto, que os seus direitos podem ser objecto de abordagens culturalmente moduladas. Contudo, nenhuma particularidade cultural pode servir para justificar o seu não respeito. O Comité dos direitos da criança disse, nas suas Observações Finais sobre um relatório apresentado pela Nicarágua (CRC/C/15/Add.36, 1995, par. 9):

> O Comité manifesta preocupação pelo facto de as atitudes culturais tradicionais para com as crianças e o seu papel na família e na sociedade poderem contribuir para dificultar a aplicação da Convenção. A este respeito, o Comité nota que uma compreensão da criança como sujeito de direitos não parece estar plenamente reflectida nas medidas legislativas e outras, no Estado Parte, e pode ter como resultado impedir as crianças, na Nicarágua, de gozar plenamente os seus direitos fundamentais reconhecidos na Convenção.

No Equador, o *Código de la Niñez y Adolescencia* (v. nota 78) afirma que o princípio do interesse superior da criança «prevalece sobre o princípio da diversidade étnica e cultural» (Artigo 11).

Segundo Alston:

> Podemos conceber os diferentes direitos humanos em termos de círculos concêntricos de crescente reactividade ou flexibilidade aos factores culturais, à medida que nos afastamos das normas centrais menos flexíveis. No que respeita aos direitos da criança, o princípio do respeito do interesse superior da criança é como um raio do círculo, cuja flexibilidade aumenta à medida que nos afastamos do núcleo duro do direito à vida, à sobrevivência e ao desenvolvimento. (Alston, 1994: 19)

Resumindo: o interesse superior da criança nunca pode ser pretexto para a violação dos seus direitos. A nova Constituição do Paraguai (1992)[85] ordena, no seu Artigo 54: «Os direitos da criança devem

---

[85] V. http://pdba.georgetown.edu/Constitutions/Paraguay/para1992.html

prevalecer, em caso de conflito». O mesmo se lê na nova Constituição da Colômbia (1991)[86], no Artigo 44: «Os direitos das crianças prevalecem sobre os direitos dos outros». No Equador, o *Código de la Niñez y Adolescencia* (v. nota 78) prevê também: «Em caso de conflito, os direitos das crianças e dos adolescentes prevalecem sobre os direitos dos demais» (Artigo 12).

Por conseguinte, o interesse superior da criança, interpretado no quadro da Convenção, é superior aos interesses culturais, familiares, nacionais e outros não compatíveis com o respeito da sua dignidade e direitos, podendo ser também superior a interesses imediatos da própria criança, e não é diferente do interesse superior de uma sociedade democrática e do devir da Humanidade. Hammarberg observa: «Os interesses dos pais ou do Estado não devem ser a consideração mais importante. Esta é, na verdade, uma das maiores mensagens da Convenção» (Hammarberg, 2001: 356, 357). Até hoje, todavia: «Só alguns Governos tomaram a sério o princípio do "interesse superior" fora do domínio das questões familiares, uma omissão que continua a ser preocupante» (Hammarberg, 2008).

No fim de contas, o interesse superior da criança está em ser respeitada como ser humano que já é e como criança que ainda é, ou seja, reconhecendo a sua igualdade ético-jurídica, mas tendo em conta a sua diferença físico-psicológica, isto é, a sua fragilidade, necessidades, virtualidades, bem como a profunda ressonância da infância no devir de cada ser humano, de todas as sociedades e da própria espécie humana. É por isso que se prolonga no princípio da prioridade das crianças. Com efeito, o primeiro parágrafo do Artigo 3 da Convenção utiliza o singular "criança" e o plural "crianças". Na opinião do Comité dos direitos da criança, isso significa que ele se aplica não apenas à criança individualmente considerada, mas também às crianças em geral e a grupos de crianças.

A *Declaração de Genebra* (1924) afirmava: «A criança tem de ser a primeira a receber socorro em tempo de perigo» (ponto 3). Esta prioridade foi reafirmada (mas atenuada) na *Declaração dos direitos da criança* (1959): «A criança estará, em todas as circunstâncias,

---

[86] V. http://pdba.georgetown.edu/constitutions/colombia/col91.html

entre os primeiros a receber protecção e socorro» (Princípio 8). Prioridade que o Direito Internacional Humanitário também proclamou[87].

A *Declaração mundial sobre a sobrevivência, a protecção e o desenvolvimento das crianças* (1990) terminava afirmando: «Não pode haver tarefa mais nobre do que dar a cada criança um futuro melhor» (par. 25). O *Plano de Acção* sublinhava que, segundo a Declaração, a acção em favor das crianças «tem de ser guiada pelo princípio "primeiro as crianças" – um princípio segundo o qual as necessidades essenciais das crianças devem ser consideradas como altamente prioritárias na afectação dos recursos, tanto nas épocas de penúria como nas épocas de prosperidade, aos níveis nacional, internacional e familiar» (par. 33). E justificava:

> 3. A melhoria da situação das crianças deve ser um objectivo-chave do desenvolvimento nacional no seu conjunto. [...] Sendo as crianças de hoje os cidadãos do mundo de amanhã, a sua sobrevivência, protecção e desenvolvimento é uma condição do futuro desenvolvimento da humanidade. O objectivo primeiro do desenvolvimento nacional deve ser dotar as jovens gerações dos conhecimentos e recursos necessários para responder às suas necessidades humanas básicas e desenvolver todas as suas potencialidades. Na medida em que o seu desenvolvimento individual e contributo social determinarão o futuro do mundo, o investimento na saúde, nutrição e educação das crianças é o alicerce do desenvolvimento nacional.
> [...]
> 36. Nenhuma causa merece mais elevada prioridade do que a protecção e o desenvolvimento das crianças, de que dependem a sobrevivência, a estabilidade e o progresso de todas as nações – e, no fim de contas, da civilização humana.[88]

A *Declaração e Programa de Acção de Viena* (v. nota 31) – quadro normativo da acção das Nações Unidas em matéria de direitos humanos – afirma (I.21):

---

[87] Direito Internacional Humanitário (DIH), ou Direito dos Conflitos Armados, ou Direito da Guerra, é um ramo do Direito Internacional formado pelas normas internacionais aplicáveis durante os conflitos armados, para proteger as pessoas que neles não participam, ou deixaram de participar, e limitar a escolha dos meios de guerra. Tem como fonte principal as Convenções de Genebra de 1949 (quatro), com seus Protocolos adicionais de 1977 e 2005 (Direito de Genebra), para protecção das vítimas da guerra (militares e civis). Mas há também as Convenções de Haia de 1899 (Direito de Haia), relativas à conduta dos militares em combate, e os instrumentos adoptados pelas Nações Unidas (Direito de Nova Iorque).

[88] V. www.unicef.org/wsc/plan.htm

Em todas as decisões relativas às crianças, a não-discriminação e o interesse superior da criança devem ser considerações primordiais e a sua opinião deve ser tida na devida conta. [...] Devem ser promovidas a cooperação e a solidariedade internacionais, para apoiar a aplicação da Convenção e dos direitos da criança, que devem ser uma prioridade na acção de todo o sistema das Nações Unidas relativa aos direitos humanos.

O *Programa de Acção* adoptado pela 'Conferência internacional sobre a população e o desenvolvimento', que se realizou no quadro das Nações Unidas, no Cairo (Egipto), nos dias 5-13 de Setembro de 1994, recomendou:

Princípio 11
Todos os Estados e famílias devem dar a mais elevada prioridade possível às crianças.
[...]
Capítulo VI
6.6 ... A primeira de todas estas responsabilidades é garantir que toda a criança é uma criança desejada. A segunda responsabilidade é reconhecer que as crianças são o recurso mais importante para o futuro e que é essencial que os pais e as sociedades façam maiores investimentos nelas para realizar o crescimento económico e o desenvolvimento sustentado.[89]

No plano nacional, o *Código de la Niñez y Adolescencia* adoptado no Equador (v. nota 78), por exemplo, afirma:

Artigo 12
Na formulação e execução das políticas públicas e na provisão de recursos, deve dar-se prioridade absoluta à infância e adolescência, às quais se assegurará, além disso, o acesso preferencial aos serviços públicos e a qualquer tipo de atenção que requeiram.
Dar-se-á prioridade especial às crianças menores de seis anos.

James P. Grant, que foi Director-Geral da UNICEF (faleceu em 1995), escreveu:

É certo que, no passado, aconteceu que o desenvolvimento físico, mental e emocional das crianças foi comprometido pelas imperfeições da sociedade dos adultos. Mas hoje, pela primeira vez, temos os meios de proteger a vida e o crescimento das crianças dos piores excessos, infelicidades e erros

---

[89] V. www.un.org/popin/icpd/conference/offeng/poa.html

> do mundo onde nasceram. E se as nossas sociedades não aproveitarem esta oportunidade, isso será, um dia, considerado tão estranho e bárbaro como, hoje, a noção de escravatura.
>
> [...]
>
> Como todas as grandes mudanças na ética dominante, não será nem rápido nem fácil fazer com que seja aceite, por toda a parte, o princípio "primeiro, as crianças". Mas, à semelhança de outras modificações semelhantes, esta evolução representará nada mais nada menos do que um progresso da civilização.
>
> [...]
>
> Esse esforço deverá poder apoiar-se [...] numa ética, enfim, que reconheça que é pelo modo como a sociedade protege e cuida das suas crianças que se pode avaliar o seu grau de civilização e de humanidade. E é delas que depende o seu futuro. (UNICEF, 1990: 27, 28, 47)

Como recordou o Tribunal interamericano dos direitos humanos, na citada *Opinión Consultiva* (par. 25), o breve Preâmbulo da Declaração de 1924 afirma que «os homens e as mulheres de todas as Nações reconhecem que a humanidade deve dar à criança o que tem de melhor». Estas palavras foram retomadas pela Declaração de 1959: «Considerando que a humanidade deve dar à criança o que tem de melhor» (em inglês: *mankind owes to the child the best it has to give*; em francês: *l'humanité se doit de donner à l'enfant le meilleur d'elle-même;* em espanhol: *la humanidad debe dar al niño lo mejor que puede darle*). Este *Considerando* estava no primeiro projecto de Convenção apresentado pela Polónia, em 1978, mas a Convenção de 1989 deixou-o de fora. São, todavia, as mais belas palavras, talvez, do Direito Internacional dos Direitos Humanos. São a chave do segredo do *interesse superior da criança.* Na verdade, o *melhor* da Humanidade não será a sua Ética dos Direitos Humanos, como a quinta-essência da sua consciência e ideal do seu devir? Se assim é, o respeito da *Convenção sobre os direitos da criança* é o que de melhor temos para dar às crianças. Utilizando uma luminosa intuição da *República* de Platão, trata-se de cultivar «o que nelas há de melhor pelo que há de melhor em nós» (590e).

O interesse superior da criança está, portanto, em jogo em todos os seus direitos que são, como se disse, direitos de prestação, protecção e participação – síntese que o Comité dos direitos da criança subscreve (por exemplo, no seu Comentário Geral 12) (v. nota 23). Todos são direitos humanos gerais, mas a criança tem específicos direitos de participação e protecção, de acordo com o seu desenvolvimento e autonomia progressiva.

3.2. **Desenvolvimento e autonomia progressiva da criança**

Na *Declaração universal dos direitos humanos*, o termo 'desenvolvimento' (ou 'desenvolver') é utilizado três vezes em relação com a personalidade humana, cujo desenvolvimento deve ser «livre» e «pleno» (Artigos 22, 26.2 e 29.1).

Em 1986, a Assembleia Geral das Nações Unidas adoptou uma *Declaração sobre o direito ao desenvolvimento* em que se proclama (Artigo 2.1): «A pessoa humana é o sujeito central do desenvolvimento e deve ser, pois, participante activa e beneficiária do direito ao desenvolvimento». E o Artigo 9 afirma: «Todos os aspectos do direito ao desenvolvimento enunciado na presente Declaração são indivisíveis e interdependentes e cada um deles deve ser considerado no contexto do todo»[90].

A *Convenção sobre os direitos da criança* utiliza 21 vezes o termo 'desenvolvimento' ou termos do mesmo étimo: 10 relativamente ao desenvolvimento da criança e 11 com outras referências. As utilizações relacionadas com o desenvolvimento da criança estão no Preâmbulo (duas) e nos Artigos 6.2, 18.1, 23.3, 27.1, 27.2, 29.1.a e 32.1. O Comité dos direitos da criança disse, no seu Comentário Geral 5 (v. nota 23) que «espera que os Estados interpretem 'desenvolvimento' no sentido mais amplo, como um conceito holístico que abrange o desenvolvimento físico, mental, espiritual, moral, psicológico e social da criança. As medidas de aplicação devem ter em vista conseguir o desenvolvimento óptimo de todas as crianças» (par. 12).

O desenvolvimento da criança resulta na sua progressiva autonomia para o exercício dos seus direitos. De facto, as necessidades e capacidades da criança, no decorrer do seu desenvolvimento, são variáveis, tanto do ponto de vista físico e psicológico como do ponto de vista cultural e social, e dependem também da natureza de cada direito. Foi no contexto dos debates suscitados pelos direitos de participação (Artigos 12 a 15) que foi sugerida a elaboração de uma

---

[90] V. www.un-documents.net/a41r128.htm

cláusula geral sobre as capacidades da criança, que viria a ser formulada no Artigo 5 da Convenção, nestes termos:

> Os Estados Partes respeitam as responsabilidades, direitos e deveres dos pais ou, se for o caso, dos membros da família alargada ou da comunidade, segundo os costumes locais, dos tutores legais ou de outras pessoas legalmente responsáveis pela criança, de lhe dar, de um modo compatível com as suas progressivas capacidades, a orientação e conselhos apropriados, no seu exercício dos direitos que lhe são reconhecidos na presente Convenção.

A ideia de autonomia progressiva da criança é referida também nos Artigos 12.1 e 14.2, e tem uma conexão com outros Artigos. O Artigo 12.1 indica como critério «a idade e a maturidade da criança», que é um critério objectivo (a idade) e subjectivo (a maturidade).

A posição do Artigo 5 no articulado da Convenção é significativa da sua função de princípio de equilíbrio entre as responsabilidades do Estado, da família e os direitos da criança. Função que está cuidadosamente articulada. Com efeito, na sequência dos termos «a responsabilidade, o direito e o dever» dos pais ou seus substitutos legais, que os Estados devem respeitar, «a responsabilidade» precede – porque justifica – tanto «o direito» como «o dever»:

- de dar à criança, «de uma maneira que corresponda ao desenvolvimento das suas capacidades», isto é, tendo em conta tanto a sua incapacidade como as capacidades que vai adquirindo;
- «a orientação e os conselhos apropriados», evitando, pois, imposições;
- «para o exercício dos direitos que lhe reconhece a presente Convenção», objectivo global.

Por conseguinte, é um *facto* que os pais exercem a mais profunda influência sobre os filhos, mas só têm o *direito* de ser exemplares na sua influência, como escreveu Bruno Bettelheim: «A criança só aprende a distinguir o bem do mal na medida em que está rodeada de seres humanos exemplares que são tão atraentes aos seus olhos que ela quer imitá-los, para formar a sua personalidade e os seus valores à imagem daqueles que ela admira e com os quais se identifica» (in Mendel, 1971: 245).

O princípio da autonomia progressiva da criança é, portanto, um princípio de flexibilidade crucial para a aplicação da Convenção, como sublinha uma publicação da UNICEF:

> Utilizando o conceito de "progressivas capacidades" [*evolving capacities*], a Convenção evitou a necessidade de estabelecer idades-limite arbitrárias ou definições de maturidade em matérias particulares. As "progressivas capacidades" da criança é um dos conceitos-chave da Convenção – um reconhecimento de que o desenvolvimento da criança para a independência da idade adulta tem que ser respeitado e promovido através da infância. (UNICEF, 2002: 91)

A este propósito, lê-se no Relatório Inicial apresentado pela Eslováquia ao Comité dos direitos da criança (CRC/C/11/Add.17, 1998, par. 240)[91]:

> A nível internacional, tem sido repetidamente realçado que a infância não deve ser uma "sala de espera da vida", mas deve ser "a própria vida". É por isso que não se pode continuar a aceitar a situação legal em que a criança, na véspera do seu décimo oitavo aniversário, é quase um 'sem direitos' e, no dia seguinte, tem todos os direitos. É, pois, necessário criar condições para a emancipação diferenciada e gradual das crianças em todas as áreas da vida quotidiana.

Contudo, o princípio da autonomia progressiva da criança continua a ser «relativamente pouco conhecido», como observa Marta Santos Pais no Prefácio de um estudo de Gerison Lansdown intitulado *The Evolving Capacities of the Child*, publicado pela UNICEF em 2005. Lansdown escreve:

> A Convenção sobre os direitos da criança introduz o conceito de 'progressivas capacidades' da criança num Tratado internacional sobre os direitos humanos, pela primeira vez. [...] Foi descrito como um novo princípio de interpretação do Direito Internacional [...].
> É importante examinar a inter-relação entre o conceito de capacidade evolutiva, no Artigo 5, e o conceito de participação, no Artigo 12 da Convenção. [...]
> O exercício da autonomia requer capacidade, desejo e oportunidade. (Lansdown, 2005: 3, 4)

[91] V. www.unhchr.ch/tbs/doc.nsf/(Symbol)/CRC.C.11.Add.17.En?Opendocument

Não está em causa a autonomia da família, que é um princípio «bem estabelecido no Direito Internacional», reafirmado na *Convenção sobre os direitos da criança* (Preâmbulo e Artigos 5, 9, 10 e 18, designadamente) (p. 5). No entanto, pela primeira vez no Direito Internacional:

> A Convenção estabelece uma relação directa entre a criança e o Estado, que desafia a presunção de que os pais têm direitos de propriedade sobre a criança. Dá visibilidade à criança como sujeito de direitos dentro da família, com direito próprio a protecção. A privacidade da família deixa de ser considerada sacrossanta: O Estado tem o poder de intervir para proteger os direitos da criança, assim reconhecendo que o interesse superior da criança nem sempre é idêntico aos interesses dos pais e nem sempre é protegido por eles. (p. 6)

Há uma grande diversidade histórica e cultural quanto ao reconhecimento da maturidade e capacidade da criança, que é mais um fenómeno social do que biológico. O seu desenvolvimento é dinâmico e influenciado por múltiplos factores, um dos quais é a própria individualidade da criança. Por isso: «O princípio do respeito pela criança como participante activa e sujeito de direitos, e não apenas como recipiente da protecção do adulto, é um tema reiterado ao longo da Convenção» (p. 22).

Importa, pois, encontrar o justo equilíbrio entre a necessidade de protecção e o direito à participação da criança. A legislação doméstica é muito variável no que respeita a idades mínimas para o exercício deste ou daquele direito, ou quanto à idade em que se presume a maturidade, para outros. A Convenção está a contribuir para uma lenta uniformização dessas idades. Todavia:

> Promover, respeitar e proteger as capacidades progressivas da criança envolve muito mais do que a introdução de adequados limites de idade. A realização do exercício dos seus direitos pelas crianças, de acordo com as suas progressivas capacidades, só pode conseguir-se através de uma abordagem holística da aplicação da Convenção. Tem, pois, implicações para todos os direitos, exigindo mudanças significativas a todos os níveis da sociedade. Representa um desafio fundamental para as atitudes convencionais em relação às crianças. [...]
> É necessária acção nos domínios jurídico, político e prático, para promover a mudança cultural em que são reconhecidos os contributos que as crianças dão e as capacidades que têm. (p. 57)

A realidade, todavia, é que, como nota Hammarberg: «O Artigo 12 é provavelmente o aspecto menos aplicado de toda a Convenção» (Hammarberg, 2007a). O interesse pela criança pode não ser do interesse da criança. É necessário agir em várias instituições mas, antes de mais, na família e na escola. Nas suas Observações Finais sobre os Relatórios apresentados pelos Estados Partes na Convenção, o Comité dos direitos da criança refere-se frequentemente ao direito da criança a ser ouvida, relacionando-o com o seu interesse superior[92]. Por exemplo:

Santa Sé, CRC/C/15/Add.46, 1995 14:
13. O Comité recomenda que a posição da Santa Sé sobre a relação entre os artigos 5 e 12 da Convenção seja clarificada. A este propósito, deseja recordar a sua posição segundo a qual os direitos e prerrogativas dos pais não devem minar os direitos da criança, como são reconhecidos pela Convenção, em especial o direito da criança de exprimir as suas opiniões e de que elas sejam tidas na devida conta.
14. Recomenda também que o espírito da Convenção e os princípios nela estabelecidos, em particular os princípios de não-discriminação, do interesse superior da criança e do respeito pelas suas opiniões seja plenamente tido em conta na condução de todas as actividades da Santa Sé e das várias instituições e organizações da Igreja que lidam com os direitos da criança.

China, CRC/C/15/Add.56, 1996, par. 33:
São necessárias mais medidas para garantir a aplicação dos princípios gerais da Convenção. No que respeita ao Artigo 12 da Convenção, a opinião do Comité é que deve ser prestada mais atenção à necessidade de proporcionar às crianças oportunidades de participar e de as suas opiniões serem ouvidas e tomadas em conta. É importante desenvolver a consciência de que a criança é um sujeito de direitos e não apenas um recipiente de protecção.

República Checa, CRC/C/15/Add.81, 1997, par. 30:
O Comité recomenda que sejam feitos mais esforços para garantir que as leis nacionais sejam plenamente conformes com a Convenção, têm na devida consideração os princípios do interesse superior da criança, não-discriminação, respeito pelas opiniões da criança e a sua participação na família, na escola, noutras instituições e na vida social.

---

[92] V. www2.ohchr.org/english/bodies/crc/past02.htm

Áustria, CRC/C/15/Add.98, 1999, par. 17:
O Comité lamenta que a esterilização forçada de crianças com deficiências mentais seja legal, com o consentimento dos pais. O Comité recomenda que a legislação existente seja revista de modo a fazer com que a esterilização de crianças com deficiências mentais requeira a intervenção dos tribunais e que haja serviços de cuidados e aconselhamento para garantir que essa intervenção está de acordo com as disposições da Convenção, em especial o Artigo 3 sobre o interesse superior da criança e o Artigo 12.

Geórgia, CRC/C/15/Add.124, 2000, par. 28:
O Comité nota os esforços do Estado Parte para encorajar o respeito pelas opiniões da criança nos procedimentos judiciais e administrativos, assim como no meio escolar através, *inter alia*, do estabelecimento de conselhos escolares onde os estudantes estão representados e podem apresentar as opiniões dos seus colegas. Manifesta, contudo, a sua preocupação pelo facto de as opiniões das crianças ainda não serem adequadamente respeitadas no seio da família e na sociedade em geral.

Eslováquia, CRC/C/15/Add.140, 2000:
17. O Comité nota que a Constituição da Eslováquia e outra legislação concedem protecção adequada à criança e sua família, que garante o seu bem-estar. Contudo, o conceito do interesse superior da criança e a consideração das suas opiniões não estão explicitamente incluídos nas medidas legislativas e administrativas.
Embora saudando iniciativas como o Parlamento das Crianças, o Comité manifesta preocupação pelo facto de o respeito pelas opiniões da criança continuar limitado, devido às atitudes sociais tradicionais para com as crianças nas escolas, instituições de assistência, tribunais e, em especial, no seio da família.
18. O Comité recomenda que o Estado parte reveja a sua legislação e medidas administrativas para garantir que os Artigos 3 e 12 da Convenção nelas tenham o devido reflexo.

Liechtenstein, CRC/C/15/Add.143, 2001, par. 22:
O Comité manifesta preocupação pelo facto de dois princípios gerais da Convenção estabelecidos nos Artigos 3 (interesse superior da criança) e 12 (respeito pelas opiniões da criança) não serem plenamente aplicados e não estarem devidamente integrados na realização das políticas e programas do Estado Parte.

Grécia, CRC/C/15/Add.170, 2002, par. 52:
O Comité manifesta a sua preocupação pelo facto de, após a separação de alguns pais muçulmanos, a custódia dos filhos abaixo de certa idade ser

sistematicamente atribuída às mães, e a custódia dos filhos acima de certa idade ser sistematicamente atribuída aos pais, sem ter devidamente em conta o interesse superior e a opinião da criança.

Islândia, CRC/C/15/Add.203, 2003:
24. O Comité saúda a incorporação do princípio do interesse superior da criança no Artigo 4 da Lei de Protecção da Criança de 2002.
[...]
26. O Comité regozija-se com a informação de que foram criadas várias estruturas na Islândia através das quais as crianças podem dar a conhecer as suas opiniões, incluindo o Parlamento NetJuventude. Todavia, manifesta preocupação pelo facto de as crianças poderem não ter oportunidades suficientes de contribuir directamente para políticas que as afectam (por exemplo, governo da escola, organização da disciplina, prevenção do abuso de substâncias, questões relevantes de planeamento comunitário, etc.) e por não serem adequadamente informadas sobre como contribuir efectivamente ou como é que o seu contributo (por exemplo, as resoluções do Parlamento NetJuventude) será tido em consideração.

Itália, CRC/C/15/Add.198, 2003, par. 25:
O Comité manifesta preocupação pelo facto de o princípio geral estabelecido no Artigo 12 da Convenção não ser plenamente aplicado na prática. A este respeito, o Comité está preocupado com o facto de o direito das crianças a serem ouvidas estar insuficientemente garantido nos procedimentos que as afectam, particularmente em casos de separação dos pais, divórcio, adopção ou colocação familiar, ou no âmbito da educação.

Albânia, CRC/C/15/Add.249, 2005, par. 26:
... o Comité lamenta que a determinação daquilo que constitui o "interesse superior" pareça ser uma decisão apenas dos adultos, com pouca consulta das crianças, mesmo quando elas são capazes de exprimir as suas opiniões e interesses.

3.3. **Amor e responsabilidade pelas crianças**

A responsabilidade pelas crianças é um sentimento e uma obrigação. É uma responsabilidade moral, jurídica, política, pedagógica.

Michael Jackson pronunciou um discurso perante a *Oxford Union* (Universidade de Oxford, Reino-Unido), a 6 de Março de 2001, para lançar a sua iniciativa *Heal The Kids*, no âmbito da sua *The Heal The World Foundation* criada em 1992. Falou durante cerca de quarenta minutos, chorou e, no fim, foi aplaudido de pé, durante cinco minutos.

Michael Jackson falou muito da sua «falta de uma infância» e propôs a seguinte *Declaração universal dos direitos das crianças*:

- O direito de ser amada, sem ter de conquistá-lo.
- O direito de ser protegida, sem ter que merecê-lo.
- O direito de sentir-se valiosa, ainda que tenha chegado ao mundo sem nada.
- O direito de ser ouvida, sem ter que ser interessante.
- O direito a que lhe leiam uma história na cama, sem ter de competir com as notícias da noite ou o *EastEnders*.
- O direito a uma educação, sem ter de esquivar-se às balas nas escolas.
- O direito de ser considerada adorável (mesmo que tenha um rosto que só uma mãe possa amar).

E disse: «Se vocês não tiverem esta memória de serem amados, estão condenados a procurar pelo mundo algo que vos preencha. Não importa quanto dinheiro ganham ou quão famosos se tornam, continuarão a sentir-se vazios. Aquilo que realmente procuram é amor incondicional, aceitação sem reservas»[93].

Ser desejada e amada é, talvez, a mais profunda necessidade de uma criança, tanto mais profunda quanto mais pequena for.

Na *Declaração dos direitos psicológicos da criança* aprovada pelo 3.º Colóquio da *International School Psychology Association*, que se realizou em Nova Iorque em Julho de 1979, como contribuição para o Ano Internacional da Criança (1979), o primeiro direito é o «direito ao amor, ao afecto e à compreensão». No mesmo ano, a Assembleia do Povo de Moçambique aprovou uma *Declaração dos direitos das crianças moçambicanas,* cujo segundo parágrafo afirma «o direito de crescer num clima de paz e segurança, cercada de amor e de compreensão». A Constituição da Colômbia (1991) afirma no seu Artigo 44: «São direitos fundamentais das crianças: [...] o cuidado e amor»[94].

Os instrumentos jurídicos internacionais sobre os direitos da criança não ignoram o valor da afectividade para o bem-estar e desenvolvimento da criança.

---

[93] Disponível em Setembro de 2009 : www.mjfanclub.net/home/index.php?option=com_content&view=article&id=228:oxford-union-speech-march-6-2001&catid=100:interviews-and-speeches&Itemid=79

[94] V. http://pdba.georgetown.edu/constitutions/colombia/col91.html

A Declaração de 1959 afirma: «A criança tem necessidade de amor e de compreensão, para o pleno e harmonioso desenvolvimento personalidade» (Princípio 6). A Convenção de 1989 reafirma: «Reconhecendo que a criança, para o pleno e harmonioso desenvolvimento da sua personalidade, deve crescer num ambiente familiar, numa atmosfera de felicidade, amor e compreensão» (Preâmbulo, par. sexto). A *Recomendação 874 (1979) relativa a uma Carta Europeia sobre os Direitos da Criança*, adoptada pela Assembleia Parlamentar do Conselho da Europa, em 1979, inclui entre os maus-tratos das crianças «todos os maus-tratos físicos e emocionais, negligência e também a recusa de amor e de afecto» (par. 12). Por isso, recomenda aos poderes públicos que «tenham em conta a importância do amor e do afecto para as crianças, tanto como da sua necessidade de assistência material» (par. I-b)[95]. O termo 'amor' foi também utilizado na *Declaração sobre a promoção entre os jovens dos ideais de paz, de respeito mútuo e de compreensão entre os povos*, adoptada pela Assembleia Geral das Nações Unidas em 1965, onde se diz que a educação, e a família em particular, deve fomentar nos jovens o «respeito e amor pela humanidade e sua obra criadora» (Princípio VI)[96].

Os direitos humanos são a expressão jurídica de um sentimento de amor pela nossa humanidade comum, mas haverá ou poderá haver um verdadeiro "direito ao amor"?

Na opinião de S. Matthew Liao:

> O direito das crianças a serem amadas pode ser fundamentado deste modo: os seres humanos têm direito às condições que são primariamente essenciais para uma vida boa. Como seres humanos, as crianças têm direitos àquelas condições que são primariamente essenciais para uma vida boa. Serem amadas é uma condição primariamente essencial para as crianças terem uma vida boa. Por isso, as crianças têm um direito a serem amadas. A espécie de amor em questão, ou seja, o amor dos pais, pode ser caracterizado do modo seguinte: Amar uma criança é procurar uma interacção com a criança altamente intensa, em que se valoriza a criança por si mesma, se procura conseguir e manter uma proximidade física e psicológica com a

---

[95] V. http://assembly.coe.int/main.asp?Link=/documents/adoptedtext/ta79/erec874.htm

[96] V. www.unhchr.ch/html/menu3/b/65.htm

criança, se procura promover o bem-estar da criança no seu próprio interesse e se deseja reciprocidade ou, pelo menos, resposta da criança a esse amor. (Liao, 2009: 348)

No caso dos adultos, «as espécies de amor em que os adultos estão interessados, ou seja, o amor erótico [*romantic love*] e a amizade, são diferentes do amor parental», pois dependem, em parte, dos «esforços autónomos de cada um. Sendo assim, os adultos não podem ter nenhum direito a serem amados» (p. 351).

O silogismo de Liao tem uma amplitude que excede o conceito jurídico de *direito*. Ele próprio o reconhece implicitamente quando, depois de observar que o amor dos pais «é uma questão complexa» (p. 354), sugere «introduzir uma educação básica para a parentalidade obrigatória para todas as crianças durante a escolaridade média e terminal», educação que «poderia ser tão importante como aprender matemática e ciências» (p. 359-360). Por outro lado, o fundamento proposto para o direito das crianças ao amor vale também para os adultos. Ser amado e amar é uma condição da "vida boa" de todo o ser humano, qualquer que seja a sua idade. Tanto, que um adulto pode matar ou matar-se por infelicidade amorosa. É um tema clássico da literatura e de outras artes.

O que está fundamentalmente em questão não é a profunda necessidade humana de ser amado e de amar, muito menos no caso das crianças. A dificuldade está na transformação dessa necessidade em direito, na passagem do plano moral ao plano jurídico. Com efeito, juridicamente, o reconhecimento de um direito implica a determinação de quem tem as obrigações correspondentes. Ora, como escreveu Kant (citado por Liao, p. 347): «O amor é uma questão de sentimento, não de vontade, e não posso amar porque quero, menos ainda porque devo (não posso ser obrigado a amar); sendo assim, um dever de amar é uma coisa absurda».

Por conseguinte, o reconhecimento jurídico formal de um direito ao amor presumiria da força do Direito e não garantiria o sentimento do amor. Só na gramática pode ser pronunciado o *imperativo* de amar. Se a necessidade de ser amado e amar é mais vital para as crianças do que para os adultos e estes, ao contrário das crianças, têm uma autonomia que lhes permite procurar merecer sentimentos de amor e amar, isso não é garantido. Não há garantias no reino dos sentimentos. É por isso que o termo 'amor' é absolutamente raro no Direito Internacional dos Direitos Humanos.

Contudo, não se pode excluir o amor do ideal dos direitos humanos. O silogismo de Liao pode ser recuperado com uma pequena mas decisiva modificação: em vez de concluir que o amor é um direito porque é uma das condições da vida boa, afirmar o direito às condições do amor como elemento de uma vida boa. Um direito que, no caso das crianças, é indissociável de igual direito dos pais, como sublinhou Georges Snyders:

> A família não pode assegurar aos seus filhos uma sorte muito melhor, muito diferente daquela que a colectividade destina aos pais [...]. E, mais geralmente, uma sociedade não pode assegurar à sua juventude uma melhor qualidade de vida, uma melhor qualidade de amor do que ao conjunto da população, nem dar às crianças as satisfações fundamentais que recusa aos adultos; pois, no fim de contas, a dignidade do indivíduo, se não é respeitada no adulto, também não poderá ser no seu filho. (Snyders, 1980: 181)

É neste sentido que se poderá argumentar que a Convenção de 1989, ao prescrever que a criança deve ser protegida «de todas as formas» de violência, maus-tratos, abusos, exploração, negligência, reconhece-lhe *a contrario sensu* um direito ao afecto, ao amor. Mais: Toda a *Convenção sobre os direitos da criança* é um juramento de amor. O amor pela criança pode ser, então, assim conceptualizado:

- O amor da criança é um *sentimento*, mas é principalmente uma *responsabilidade*. É, antes de mais, naturalmente, um sentimento de apego biológico ou de compaixão por um ser humano tão frágil, vulnerável e dependente. Todavia, no tempo dos direitos humanos, o amor da criança deve ser principalmente uma responsabilidade pelos seus direitos, que são direitos comuns, inerentes à sua igual dignidade como ser humano, e direitos específicos, relativos à sua diferença como criança. Estes são direitos de protecção e de direitos de autonomização.
- A protecção da criança é uma responsabilidade dos pais, em primeiro lugar, que são os primeiros responsáveis pelos filhos e seus direitos. Mas é principalmente uma responsabilidade dos Estados, que são os responsáveis principais por todos os direitos de todos os seres humanos. Os direitos da criança são,

pois, direitos a proteger pela família, eventualmente contra o Estado, e pelo Estado, eventualmente contra a família. É também uma responsabilidade de todos os adultos, dada a responsabilidade de todos pelos direitos de todos, bem como a especificidade da condição da criança.

- A autonomização da criança é uma responsabilidade dos pais e dos profissionais da educação, em particular, porque a autonomia é a expressão mais elevada do "pleno desenvolvimento da personalidade humana", que deve ser o fim primeiro do direito à educação, de acordo com as suas principais normas internacionais. É por isso que o direito à educação é, mais do que outro qualquer, um *empowerment right* (que se pode traduzir por direito à autonomização), como disse o Comité dos direitos económicos, sociais e culturais (Nações Unidas) no seu Comentário Geral 13 (E/C.12/1999/10, par. 1)[97].
- A criança tem, pois, direito a um amor que seja um *sentimento de responsabilidade pelos seus direitos*. É uma responsabilidade jurídica, política e pedagógica:
    - A *responsabilidade jurídica* diz respeito ao reconhecimento da dignidade e direitos da criança. É uma responsabilidade geral.
    - A *responsabilidade política* diz respeito à protecção e realização dos direitos da criança. É uma responsabilidade principalmente do Estado.
    - A *responsabilidade pedagógica* diz respeito ao direito da criança à aprendizagem da autonomia. É a responsabilidade própria dos educadores.

Aprender a autonomia é adquirir principalmente a capacidade de liberdade moral e intelectual, bem como a responsabilidade consequente. É a essência da *responsabilidade pedagógica*, que requer e legitima o exercício da autoridade. Deve ser exercida como uma sábia e serena dialéctica de afectividade-autoridade, no interesse superior da criança.

[97] V. www.unhchr.ch/tbs/doc.nsf/(symbol)/E.C.12.1999.10.En?OpenDocument

CONCLUSÃO

O novo Direito da Criança

Françoise Dekeuwer-Défossez nota que:

> ... se historicamente se pode afirmar que sempre existiu um Direito da Infância, ele consistia mais num conjunto de direitos que os adultos tinham sobre as crianças. O Direito Romano, como o antigo Direito Francês, via na criança o objecto do poder paternal e o futuro da linhagem. Isto é, a criança não era considerada como titular de direitos. No século XIX, dá-se uma tomada de consciência da necessidade de proteger a criança, contra a sua família ou contra os seus empregadores, por exemplo. Até ramos do Direito particularmente evoluídos, como o Direito Penal dos menores ou o da assistência educativa, que podem ser datados depois da Segunda Guerra Mundial, visam a criança mais como objecto de educação do que como sujeito de direitos. (Dekeuwer-Défossez, 1991: 5)

O Comité dos direitos humanos (Nações Unidas), no seu Comentário Geral 17 sobre o Artigo 24 (Direitos da criança) do *Pacto internacional sobre os direitos civis e políticos*, publicado em 1989, recordava que, «como indivíduos, as crianças beneficiam de todos os direitos civis enunciados no Pacto» (par. 2)[98]. Observação de que se fez eco o Comité dos direitos da criança, no seu Comentário Geral 5 (v. nota 23), ao afirmar que também «os outros instrumentos gerais sobre os direitos humanos se aplicam a todas as pessoas menores de 18 anos» (par. 23). No mesmo Comentário, o Comité realçou que «a mensagem principal da Convenção» consiste em reconhecer «que as crianças são, tal como os adultos, titulares de direitos humanos» (par. 21). Por outras palavras, uma criança não é propriedade de ninguém,

---

[98] V. www.unhchr.ch/tbs/doc.nsf/0/cc0f1f8c391478b7c12563ed004b35e3?Opendocument

mas um ser humano igual aos adultos, em dignidade e direitos. Uma das conclusões da "Sessão comemorativa do décimo aniversário da *Convenção sobre os direitos da criança*: realizações desafios" (*Workshop* de dois dias) foi esta: «Os direitos da criança têm de ser vistos como os direitos humanos das crianças» (CRC/C/90, 1999, par. 291.a)[99].

A criança deixa, pois, de ser discriminada como *menor*, termo com uma tradicional conotação pejorativa de incapacidade, e vai sendo reconhecida progressivamente como *maior*, pela aquisição gradual da capacidade para exercer autonomamente os seus *direitos humanos*. Com efeito:

– Os direitos humanos são direitos inatos, universalmente reconhecidos, exigidos
  • pelas necessidades do ser humano
  • e pela liberdade constitutiva da dignidade humana.

– A criança é um ser humano
  • igual aos adultos, em dignidade e direitos,
  • mas em desenvolvimento, mais vulnerável e dependente.

– Portanto, os direitos da criança correspondem
  • à sua igualdade como ser humano
  • e à sua diferença como criança.

– Em consequência, a criança é titular
  • de direitos gerais, porque é um ser humano,
  • e de direitos especiais, porque é uma criança.

A Revolução dos Direitos da Criança significa, portanto, apenas isto: o fim da discriminação da criança, por ser criança. Gerou um novo Direito da Criança cuja radical novidade consiste na passagem:

- da concepção tradicional (naturalista) da *criança-objecto* (de protecção) para a nova visão (ética) da *criança-sujeito* (de direitos)
- e de uma abordagem *bem-estar* da criança (*welfare approach*) a uma abordagem *direitos* da criança (*human rights approach*).

---

[99] V. www.unhchr.ch/tbs/doc.nsf/898586b1dc7b4043c1256a450044f331/da0ac735120e0703802568b20052b0c6/$FILE/G9946135.pdf

Tem como pedras angulares os seguintes princípios:

- Reconhecimento pleno da dignidade e personalidade jurídica da criança, como titular de direitos, seja qual for a sua idade, em todos os lugares e circunstâncias.
- Reconhecimento do primado do interesse superior da criança como princípio-farol da interpretação e aplicação dos seus direitos.
- Reconhecimento, respeito e estímulo da progressiva autonomia da criança para exercer os seus direitos, com gradual responsabilidade.

Por conseguinte, o novo Direito da Criança tem como centro de gravidade os seus direitos, com as consequentes responsabilidades para os Estados, as famílias e outros responsáveis pelas crianças. As suas fontes são múltiplas: estão no Direito convencional e não convencional, de natureza geral e específica, no plano universal e regional, com contribuições da jurisprudência internacional e nacional, bem como da doutrina mais qualificada.

A *Convenção sobre os direitos da criança* é um texto visionário que deve ser a *bíblia* de todos os adultos – principalmente dos pais, de todos os educadores e dos profissionais da justiça – na sua relação com as crianças.

Thomas Paine, escritor e político inglês do século XVIII, escreveu em *The Rights of Man*, obra em que respondia a *Reflections on the Revolution in France* (1790), uma publicação de Edmund Burke contra a Revolução Francesa: «O homem não é proprietário do homem; nem geração alguma é proprietária das gerações que se lhe seguirão» (*Man has no property in man; neither has any generations a property in the generations which are to follow*) (Paine, 1791: 15). E disse também, num panfleto em favor da Independência Americana: «Temos em nossas mãos o poder de recomeçar o mundo» (*We have it in our power to begin the world over again*) (Paine, 1776: 61).

O poder regenerador do ideal dos direitos da criança é o poder de romper o círculo vicioso da *clonagem* das gerações mais novas pelas gerações mais velhas.

Num futuro muito distante, haverá uma história para crianças a começar assim:

> Era uma vez,
> no tempo em que os adultos tinham o direito
> de obrigar as crianças a ser à sua imagem e semelhança
> ou as abandonavam à sua liberdade
> ou lhes roubavam a sua infância...

APÊNDICE

Portugal e a Convenção

Portugal participou muito activamente na elaboração da *Convenção sobre os direitos da criança.* A jurista que chefiou a delegação portuguesa nos *travaux préparatoires* (trabalhos preparatórios) da Convenção, a partir de 1987, foi um dos primeiros membros do Comité dos direitos da criança[100].

Portugal foi dos primeiros Estados a assinar e ratificar a Convenção: foi assinada a 26 de Janeiro de 1990; aprovada para ratificação pela Assembleia da República a 12 de Setembro (Resolução 20/90, publicada no Diário da República, I Série A, n.º 211/90, a 12 de Setembro de 1990); ratificada pelo Presidente da República (Decreto 49/90, publicado no mesmo número e data do Diário da República). Entrou em vigor na ordem jurídica portuguesa a 21 de Outubro de 1990. O Aviso de depósito do instrumento de ratificação do Ministério dos Negócios Estrangeiros foi publicado no Diário da República, I Série, n.º 248/90, de 26 de Outubro de 1990. Portugal já assinou e ratificou também os dois Protocolos à Convenção (em 2003).

O Governo português atrasou-se na apresentação do seu primeiro relatório ao Comité dos direitos da criança, que deveria ter sido apresentado em 1992 mas só o foi em 1994, tendo sido examinado no ano seguinte[101]. Em 1996, foi criada uma Comissão Nacional dos

---

[100] Marta Santos Pais foi Relatora do Comité dos direitos da criança, de 1991 a 1997, sendo ao mesmo tempo Vice-Presidente do Comité coordenador das políticas da infância, no Conselho da Europa. Depois, esteve ao serviço da UNICEF, como Directora da sua Divisão de Avaliação, Política e Planificação (Nova Iorque) e do Centre de Investigação Innocenti (Florença). Em Maio de 2009, o Secretário-Geral das Nações Unidas nomeou-a como nova Representante Especial sobre a violência contra as crianças.

[101] V. www.gddc.pt/direitos-humanos/portugal-dh/portugal-relatorios.html#f

Direitos da Criança pelo Gabinete da Alta-Comissária para as Questões da Promoção da Igualdade e da Família (Despacho de 30 de Dezembro, publicado no DR, II Série), composta por representantes de vários Ministérios e de ONGs, e coordenada por uma Magistrada do Ministério Público. Esta Comissão preparou o segundo relatório para o Comité dos direitos da criança e desapareceu.

O segundo relatório de Portugal foi apresentado em 1998 e examinado a 1 de Outubro de 2001 (v. nota 101). Nas suas Observações Finais (CRC/C/SR.749), o Comité recomendou a Portugal, designadamente, «elaborar uma estratégia nacional global de aplicação da Convenção» (7-a) e «criar uma estrutura de coordenação da aplicação da Convenção para todas as crianças» (9-a).

O terceiro relatório de Portugal ao Comité dos direitos da criança deveria ter sido apresentado em 2002.

A *Convenção sobre os direitos da criança* é directamente aplicável no sistema jurídico português, com valor supralegislativo, como escreve António Vitorino:

> A generalidade da doutrina que se tem debruçado sobre o sistema de inserção do Direito Internacional Convencional na ordem jurídica portuguesa aponta no sentido de a Constituição da República consagrar um sistema da recepção geral plena desse Direito Internacional, condicionada pela publicação das normas em causa no jornal oficial e pela sua efectiva vigência na ordem internacional. É o que deflui do n.º 2 do artigo 8.º da Lei Fundamental portuguesa [...].
>
> No essencial, a maioria dos autores tem atribuído um valor infraconstitucional mas supralegislativo ao Direito Internacional Convencional, apontando para a sua primazia sobre a lei interna, sem prejuízo da sua subordinação à Constituição.
>
> Neste quadro, a norma internacional vigora directamente na ordem jurídica portuguesa e, em função do seu conteúdo, está constitucionalmente habilitada tanto a gerar obrigações para o Estado (a traduzir em legislação interna de concretização dos preceitos internacionais) como a conferir imediatamente direitos aos particulares, que podem invocar tais normas perante a Administração e junto dos Tribunais portugueses [...]. (Vitorino, 1993: 15, 16, 37-39)

A infância, a adolescência e a juventude são objecto de numerosos preceitos constitucionais[102]. Os mais importantes textos legislativos são os seguintes:

- Decreto-Lei n.º 314/78, de 27 de Outubro (cuja última alteração data de 2003) – Organização Tutelar de Menores (OTM)[103]: regula os processos de adopção, poder paternal, alimentos, entrega judicial, inibição e averiguação da maternidade ou paternidade.
- Lei 147/99, de 1 de Setembro (cuja última alteração data de 2003) – Lei de protecção de crianças e jovens em perigo (LPCJP)[104]: regula a intervenção social, administrativa e judiciária, tendo como «objecto a promoção dos direitos e a protecção das crianças e dos jovens em perigo, por forma a garantir o seu bem-estar e desenvolvimento integral» (Artigo 1). O primeiro dos seus "Princípios orientadores da intervenção" (Artigo 4) é «o interesse superior da criança e do jovem». Outro é a «responsabilidade parental» (note-se a novidade terminológica).
- Lei 166/99, de 14 de Setembro – Lei Tutelar Educativa (LTE)[105]: regula a intervenção do Estado relativamente a crianças entre os 12 e os 16 anos acusadas da prática de crimes.

Há programas específicos em favor das crianças, tais como:

- *Projecto Nascer Cidadão*, que visa a inscrição imediata no registo civil, nas maternidades e hospitais[106].
- *Programa de Apoio à Primeira Infância*, através de creches e de amas[107].
- *Programa Ser Criança*, para promover as condições favoráveis ao desenvolvimento das crianças carenciadas e em risco de exclusão[108].

---

[102] V. www.parlamento.pt/Legislacao/Paginas/ConstituicaoRepublicaPortuguesa.aspx
[103] V. http://dre.pt/pdf1s/2003/08/193A00/53135329.pdf
[104] V. http://dre.pt/pdf1s/2003/08/193A00/53135329.pdf
[105] V. www.cnpcjr.pt/preview_documentos.asp?r=314&m=PDF
[106] V. www.mjd.min-saude.pt/Nascercid.htm
[107] V. www.iapmei.pt/iapmei-art-03.php?id=341
[108] V. www.cnpcjr.pt/left.asp?03.02.05

- *Projecto de Apoio à Família e à Criança*, dirigido às crianças maltratadas no seio familiar.
- *Programa Escola Segura*, para a prevenção e redução da violência e insegurança no ambiente escolar[109].

No primeiro relatório apresentado ao Comité dos direitos da criança, Portugal informou que o *Ombudsman* para os direitos da criança é o Provedor de Justiça[110]. De acordo com o Artigo 1 (Funções) do seu Estatuto (Lei 9/91, de 9 de Abril):

> 1 – O Provedor de Justiça é, nos termos da Constituição, um órgão do Estado eleito pela Assembleia da República, que tem por função principal a defesa e promoção dos direitos, liberdades, garantias e interesses legítimos dos cidadãos, assegurando, através de meios informais, a justiça e a legalidade do exercício dos poderes públicos.
> 2 – O provedor de Justiça goza de total independência no exercício das suas funções.

Em 1992, o Provedor de Justiça criou a Linha Verde *Recados da Criança* (LVRC, n.º 800 206 656), com fundamento nos Artigos 21, 24 e seguintes do seu Estatuto, para receber queixas das crianças ou de adultos em seu nome. Uma das suas publicações informa:

> Na Provedoria de Justiça, o tratamento das queixas relativas a maus-tratos a menores ocorre, preferencialmente, através da LVRC, podendo concluir-se que algumas das questões mais frequentemente suscitadas dizem respeito a matérias relacionados com maus-tratos físicos e psíquicos (17%), negligência quanto à segurança, saúde, sustento e educação (12%), medidas de protecção, tutelares cíveis e tutelares educativas (10%), problemas comportamentais (9%), carências familiares (5%), abusos sexuais e exposição sexual (3%) e violência doméstica (2,5%).
> Na prática, a intervenção do Provedor de Justiça através da LVRC é feita mediante a articulação com os estabelecimentos de ensino, os serviços locais da segurança social e as comissões de protecção de crianças e jovens, acompanhando e monitorizando o tratamento dos assuntos por essas entidades, depois de lhes relatar as situações de que teve conhecimento. Sempre que os casos descritos apresentem diminuta complexidade e sejam susceptíveis de resolução célere, através de meios já previstos na lei, a LVRC pode limitar-se a encaminhar os denunciantes para as entidades públicas competentes.

---

[109] V. www.gnr.pt/portal/internet/escola_segura
[110] V. www.provedor-jus.pt

Finalmente, quando os factos denunciados indiciem a prática de ilícitos criminais, ou sempre que as comissões de protecção não derem resposta em tempo razoável, a LVRC comunica o caso ao MP [Ministério Público], para que este tome as providências necessárias à salvaguarda dos menores em perigo. (Provedor de Justiça, 2008: 233)

Além do Provedor de Justiça, a responsabilidade pela protecção e promoção da realização dos direitos da criança está distribuída por várias entidades, nomeadamente as seguintes:

- Tribunais de Família e Menores.
- Ministério Público, criado pela Lei 47/86, de 15 de Outubro (cuja última alteração data de 1998)[111], assim definido (Artigo 1): «O Ministério Público representa o Estado, defende os interesses que a lei determinar, participa na execução da política criminal definida pelos órgãos de soberania, exerce a acção penal orientada pelo princípio da legalidade e defende a legalidade democrática, nos termos da Constituição, do presente Estatuto e da lei».
- Comissão Nacional de Protecção das Crianças e Jovens em Risco (CNPCJR), criada pelo Decreto-Lei 98/98, de 18 de Abril, que logo no primeiro parágrafo da sua introdução faz referência à «promoção efectiva dos direitos das crianças consagrados na Convenção sobre os Direitos da Criança»[112].
- Comissões de Protecção de Crianças e Jovens (CPCJ), criadas pela Lei 147/99, de 1 de Setembro para substituir as anteriores Comissões de Protecção de Menores. Têm implantação municipal e são definidas como «instituições oficiais não judiciárias com autonomia funcional que visam promover os direitos da criança e do jovem e prevenir ou pôr termo a situações susceptíveis de afectar a sua segurança, saúde, formação, educação ou desenvolvimento integral» (Artigo 12).
- Direcção-Geral de Reinserção Social (DGRS), sob a tutela do Secretário de Estado Adjunto e da Justiça, criada pelo Decreto-Lei 126/2007, de 27 de Abril, que sucedeu ao Instituto de Reinserção Social[113].

---

[111] V. www.dgpj.mj.pt/DGPJ/sections/leis-da-justica/pdf-lei/l-60-1998/downloadFile/file/L_60_1998.pdf?nocache=1181052090.04

[112] V. www.cnpcjr.pt/left.asp?01.01.01

[113] V. www.reinsercaosocial.mj.pt/web/rs/índex

- Instituto Português da Juventude (IPJ), tutelado pela Presidência do Conselho de Ministros, cuja Lei Orgânica foi aprovada pelo Decreto-Lei 168/2007, de 3 de Maio[114].

Há, ainda, as responsabilidades próprias do Ministério da Educação e do Ministério do Trabalho e da Solidariedade Social, designadamente da Autoridade para as Condições de Trabalho (ACT), criada pelo Decreto-Lei 211/2006, de 27 de Outubro, que sucedeu ao Instituto para a Segurança, Higiene e Saúde no Trabalho e à Inspecção-Geral do Trabalho, que foram extintos. No quadro do mesmo Ministério, há também entidades responsáveis pelas políticas sociais de apoio à infância.

No domínio da acção não governamental, mencione-se as seguintes entidades:

- Instituto de Apoio à Criança (IAC), que criou uma Linha de Apoio *SOS Criança* (n.º 217 931 617), em 1988, e publicou em 1990 um *Guia dos Direitos da Criança* (com uma 3.ª edição em 2009)[115].
- Confederação Nacional de Acção sobre o Trabalho Infantil (CNASTI), que disponibiliza uma Linha Verde de denúncia do trabalho infantil (n.º 800 202 076)[116].
- Confederação Nacional das Associações de Pais (CONFAP)[117].
- Associação Portuguesas de Apoio à Vítima (APAV), que também tem uma Linha Verde (n.º 707 200 007)[118].

Quanto à jurisprudência relativa aos direitos da criança, há decisões relevantes do Tribunal Constitucional (TC)[119], do Supremo Tribunal de Justiça (STJ)[120] e de outros Tribunais. Todavia, a *Convenção sobre os direitos da criança* tem sido surpreendentemente ignorada por alguns Tribunais portugueses, embora plenamente aplicada noutros

[114] V. http://juventude.gov.pt/portal/ipj

[115] É presidido por Manuela Ramalho Eanes (v. www.iacrianca.pt).

[116] V. www.cnasti.pt/cnasti

[117] V. www.confap.pt

[118] V. www.apav.pt/portal

[119] Por exemplo, Acórdãos 359/91, 1221/96, 286/99, 232/2004, 282/2004. (V. www.tribunalconstitucional.pt/tc/acordaos)

[120] Por exemplo, Acórdão 4683/2006 (V. www.stj.pt/?idm=43)

casos. É uma jurisprudência contrastada, como vamos ver nos exemplos que se seguem:

- Em 1994, o STJ julgou um recurso contra uma sentença do Tribunal do Circulo de Anadia (1993) condenando o arguido à pena única, em cúmulo jurídico, de 6 anos e 15 dias de prisão, por crime de violação agravada (entre 1988 e 1991) e de ofensas corporais simples (duas bofetadas em 1991) a uma filha débil mental nascida em 1975. O recorrente pretendia a redução para metade da pena pelo crime de violação e a absolvição da pena por ofensas corporais. O Tribunal indeferiu o recurso (por unanimidade), tendo dito, nomeadamente:

> Não tem razão o recorrente em primeiro lugar, porque não se provaram factos que demonstraram ter agido com intenção de corrigir ou educar; por outro lado não invoca qualquer preceito legal que lhe confira o direito de corrigir e educar os filhos através de agressões físicas.
> É que efectivamente não existe tal preceito, designadamente depois das alterações introduzidas ao Código Civil pelo Decreto-Lei n. 496/77. Mesmo antes dessas alterações o artigo 1884 só atribuía aos pais a função (não o direito) de correcção moderada dos filhos. E, a Declaração dos Direitos da criança, aprovada pela Assembleia Geral da ONU, de 20 de Junho de 1959, no seu princípio 5, já prescrevia que a criança deve crescer sob a vigilância e responsabilidade dos pais e, de qualquer modo, numa atmosfera de afeição e de segurança moral e material.
> Não se provaram factos que excluam a ilicitude desta conduta do arguido; nem sequer foram alegados e, ainda que tivessem sido, seria imoral a atitude de um pai que durante três anos abusou sexualmente de uma filha menor e débil mental, copulando com ela, pretender invocar um poder-dever de educar e corrigir essa filha.
> [...]
> A sua culpa é muito elevada.
> As necessidades de prevenção geral são muito acentuadas.
> O interesse de socialização do arguido através da prevenção especial não tem relevo porque denota uma personalidade anti-social.
> [...]
> Quanto ao crime de ofensas corporais, além de não haver razões que permitam escolher a pena de multa, a medida da pena da prisão aplicada – um mês – só pode censurar-se pela benevolência imerecida.

- Em 2004, o Tribunal da Relação de Évora julgou um recurso contra uma sentença do Tribunal de uma Comarca não identificada condenando o arguido a 14 meses de prisão por crime de maus tratos contra uma filha de 14 anos (nascida em 1987). O recorrente pretendia a suspensão da pena, considerada desproporcionada. O Tribunal indeferiu o recurso (por unanimidade). Lê-se no Acórdão:

> Nos dias que antecederam o dia ... de ... de ...., no interior da casa de morada de família, o arguido desferiu, em momentos diferentes, pontapés e bateu com objectos na perna esquerda da menor.
> O arguido não diligenciou por tratamento à menor. Apenas lhe foi desferindo mais pancadas na zona afectada.
> Em consequência, a menor ficou com um hematoma infectado na perna esquerda. A menor recebeu tratamento médico quando disse à professora C que não sentia a perna esquerda.
> A menor foi operada no dia ... de ... de ..., no Hospital de..., a hematoma infectado da perna esquerda que exercia compressão nervosa.
> Tendo-lhe resultado 30 dias de doença, com igual período de incapacidade para o trabalho e actividade escolar da menor.
> Das agressões ficaram como sequelas para a menor cicatriz disforme, tipo queloide, na face externa da perna esquerda e zona de fibrose cicatricial formando nódulos.
> A menor quando teve alta foi entregue num centro de acolhimento, tendo o pai autorizado a intervenção da Comissão de Protecção de ...,

O Tribunal disse, nomeadamente:

> Vive-se uma época em que o simples castigo corporal exercido sobre os filhos é posto em causa quer no domínio do Direito quer no campo da Psicologia [...]. Se tal é questionado, maior gravidade assumem os verdadeiros maus tratos.
> [...]
> É acentuado o grau de ilicitude da conduta criminosa.

- Em 2006, o STJ julgou um recurso do Ministério Público e da arguida contra uma sentença do Tribunal Colectivo de Setúbal condenando-a na pena de 18 meses de prisão, suspensa por um ano, por maus-tratos a crianças com deficiência mental, num Lar Residencial onde era encarregada. O Ministério Público recorreu por a arguida ter sido condenada apenas por factos praticados quanto a uma das crianças, tendo o Tribunal considerado os outros factos como casos isolados. A arguida recorreu alegando uma alteração da legislação penal aplicável e que, de qualquer modo, os factos provados não integram os elementos essenciais dos crimes previstos na lei. O Tribunal indeferiu os dois recursos (por unanimidade). Sem fazer qualquer referência à *Convenção sobre os direitos da criança*, o STJ disse, nomeadamente:

> 5 – A partir de 1992 até 12 de Janeiro de 2000 a arguida por várias vezes fechou o BB à chave, na despensa, com a luz apagada, quando este estava mais activo, chegando o menor a ficar fechado cerca de uma hora.
> 6 – No mesmo período, por duas vezes, de manhã, em dias coincidentes com o fim-de-semana amarrou os pés e as mãos do BB à cama para evitar que acordasse os restantes utentes do lar e para não perturbar o descanso matinal da arguida.
> 7 – Também durante o referido período a arguida dava bofetadas no BB.
> 8 – O BB é menor de idade e sofre de psicose infantil muito grave, sendo uma criança com comportamentos disfuncionais, hiperactiva e por vezes agressiva que descompensa com facilidade.
> 9 – A arguida por uma ou duas vezes deu palmadas no rabo à CC quando esta não queria ir para a escola e uma vez deu uma bofetada ao FF por este lhe ter atirado com uma faca.
> 10 – Ao EE mandou-o uma vez de castigo para o quarto sozinho quando este não quis comer a salada à refeição, tendo este ficado a chorar por ter medo de ficar sozinho.
> 11 – A arguida não tinha preparação profissional para desempenhar as funções de responsável do Lar, nomeadamente para lidar com deficientes mentais.
> 12 – A arguida residia no Lar, passando aí todo o dia e aí pernoitando, trabalhando das 7h às 23h e às vezes durante a noite quando era necessário ajudar a colega que fazia o horário nocturno, nomeadamente por algum utente estar doente.
> [...]
> 16 – A arguida actualmente já não trabalha com deficientes.
> 17 – A arguida é de modesta condição social.
> 18 – Actualmente exerce funções de empregada de limpeza no Centro de Actividades Ocupacionais.
> 19 – Tem como habilitações literárias a 4.ª classe.
> 20 – Vive sozinha.

Disse o Tribunal:

Esta gravidade inerente às expressões "maus-tratos" e "tratamento cruel" constitui, ela sim, o elemento que nos leva à improcedência deste recurso. É que, quanto a estes menores, não só não se atinge tal gravidade, como os actos imputados à arguida devem, a nosso ver, ser tidos como lícitos.
Na educação do ser humano justifica-se uma correcção moderada que pode incluir alguns castigos corporais ou outros. Será utópico pensar o contrário e cremos bem que estão postas de parte, no plano científico, as teorias que defendem a abstenção total deste tipo de castigos moderados.
[...]
Qual é o bom pai de família que, por uma ou duas vezes, não dá palmadas no rabo dum filho que se recusa ir para a escola, que não dá uma bofetada a um filho que lhe atira com uma faca ou que não manda um filho de castigo para o quarto quando ele não quer comer?
Quanto às duas primeiras, pode-se mesmo dizer que a abstenção do educador constituiria, ela sim, um negligenciar educativo. Muitos menores recusam alguma vez a escola e esta tem – pela sua primacial importância – que ser imposta com alguma veemência. Claro que, se se tratar de fobia escolar reiterada, será aconselhável indagar os motivos e até o aconselhamento por profissionais. Mas, perante uma ou duas recusas, umas palmadas (sempre moderadas) no rabo fazem parte da educação.
Do mesmo modo, o arremessar duma faca para mais a quem o educa, justifica, numa educação sã, o realçar perante o menor do mal que foi feito e das suas possíveis consequências. Uma bofetada a quente não se pode considerar excessiva.
Quanto à imposição de ida para o quarto por o EE não querer comer a salada, pode-se considerar alguma discutibilidade. As crianças geralmente não gostam de salada e não havia aqui que marcar perante elas a diferença. Ainda assim, entendemos que a reacção da arguida também não foi duma severidade inaceitável. No fundo, tratou-se dum vulgar caso de relacionamento entre criança e educador, duma situação que acontece, com vulgaridade, na melhor das famílias.

- Também em 2006, o Tribunal da Relação de Coimbra julgou um recurso apresentado na sequência da instauração de um processo tutelar instaurado pelo Ministério Público, junto do Tribunal de Família e Menores de Lisboa, a favor de uma criança nascida em 2000, cuja mãe estava em internamento psiquiátrico e cujo pai era toxicodependente. Tendo o processo transitado para a Comarca de Viseu, o Tribunal Colectivo decidiu, ao abrigo da Lei de Protecção de Crianças e Jovens em Perigo, aplicar ao menor a medida de promoção e protecção de confiança a instituição com vista a futura adopção, ficando colocado sob a guarda do CDSS de Viseu e, através deste, mantido aos cuidados e guarda de um casal já seleccionado e com o qual o menor residia desde Maio de 2003. A Segurança Social deveria remeter relatórios semestrais de acompanhamento. Os pais alegavam que uma decisão de separação biológica entre eles e o filho violava o Artigo 36.5 da Constituição. Disse o Tribunal (por unanimidade):

> O poder paternal apresenta-se como um efeito da filiação (art.1877 e segs. do CC), sendo concebido como um conjunto de poderes-deveres que competem aos pais relativamente à pessoa e bens dos filhos menores não emancipados, e que na moderna terminologia se designa por "responsabilidade parental".
> Não se trata de um puro direito subjectivo, visto que o seu exercício não está dependente da livre vontade do seu titular, mas antes de um poder funcional [...].
> Quando os pais não cumprem com tais deveres fundamentais, a ordem jurídica confere às crianças, enquanto sujeitas de direito, mecanismos de protecção, podendo os filhos deles serem separados, como determina o n.º 6 do art. 36 da CRP.
> Na verdade, as crianças têm o direito fundamental à protecção da sociedade e do Estado, com vista ao seu desenvolvimento integral (art. 69 n.º 1 da CRP).
> Também a Convenção Sobre os Direitos da Criança [...] impõe que os Estados tomem medidas de protecção das crianças contra todas as formas de violência, quer na família, quer fora dela (art. 19 .º n.º 1).
> A Lei de Protecção das Crianças e Jovens em Perigo (Lei n.º 147/99 de 1/9), assume um novo paradigma no direito dos menores [...].
> Apesar de apenas se prever a incapacidade dos pais por doença mental, o espectro normativo, numa interpretação teleológica, abrange outras situações similares, como por exemplo, a toxicodependência ou o alcoolismo.
> [...]
> Por outro lado, toda a intervenção deve ter em conta o superior interesse da criança, princípio consagrado no art.3.º n.º1 da Convenção Sobre os Direitos da Criança
> [...]

> O "interesse superior da criança", enquanto conceito jurídico indeterminado carece de preenchimento valorativo, cuja concretização deve ter por referência os princípios constitucionais, como o direito da criança à protecção da sociedade e do Estado com vista ao seu desenvolvimento integral (art.69 n.º1 da CRP), reclamando uma análise sistémica e interdisciplinar da situação concreta de cada criança, na sua individualidade própria e envolvência.
> [...]
> Sendo assim, o menor está hoje plenamente integrado na nova família, base indispensável para o seu desenvolvimento harmonioso, pois é nela que se situa o seu o locus de afectividade.
> [...]
> Perante os elementos factuais disponíveis, mostram-se seriamente comprometidos os vínculos afectivos próprios da filiação biológica, em consequência das condições de vida dos pais do menor e da situação de perigo inicialmente criada, verificando-se, assim, os requisitos legais para a medida decretada (arts. 35 g), 38-A da LPCJP e art. 1978 n.º 1 d) e n.º 2 e 3 do CC), revelando-se proporcionada e adequada, atendendo prioritariamente aos superiores interesses do menor A..., conforme se justificou no acórdão recorrido.

Um caso em que os pais de uma criança se opunham, invocando convicções religiosas, ao internamento e tratamento que a saúde de um filho requeria, esteve na origem do Parecer n.º 8/91 do Conselho Consultivo da Procuradoria-Geral da República (PGR), homologado por Despacho do Secretário de Estado da Saúde, a 7 de Julho de 1992.

O Conselho Consultivo da PGR examinou longamente a evolução do Direito da Família e fundou a sua interpretação e conclusão no princípio do interesse superior da criança. Eis algumas passagens do seu Parecer:

> Tem-se entendido que é da especialidade da sua situação face ao adulto que o menor retira o *direito à protecção especial* de que necessita para preservar o seu futuro, a conseguir mediante um processo de desenvolvimento são e normal, nos planos físico, intelectual, moral e social.
> É o reconhecimento de que o menor é um ser humano em formação, *com autonomia, aspirações e personalidade próprias*, que importa orientar e preparar para a vida, tendo em vista um crescimento e desenvolvimento sãos e normais, por forma a que possam ser cidadãos válidos, capazes de viverem por si sós.

Por isso, hoje se reconhece o *interesse do menor* como a força motriz e a luz que há-de iluminar toda a problemática dos seus direitos.
O superior interesse da criança surge, assim, como uma realidade a ponderar, um objectivo a prosseguir por todos quantos possam contribuir para o seu desenvolvimento harmonioso – os pais, no seu papel primordial, de condução e educação da criança; as instituições, ao assegurar a sua tutela; o Estado, ao adoptar as medidas tendentes a garantir o exercício dos direitos previstos na Constituição. [...]
Até à actual concepção filiocêntrica do poder paternal, foi longa e difícil a evolução (iniciada ainda no direito romano), com a anterior concepção abrindo fendas, por força da revolução industrial, e ruindo neste século XX.
Assiste-se, assim, a uma nítida deslocação do poder paternal dos pais para o filho, é a visão enfática do interesse do menor que perpassa pelo conjunto de poderes e deveres em que aquele se analisa, *é este interesse a verdadeira razão de ser, o critério e o limite daquele poder que, como tal, já o não é verdadeiramente, mas antes uma função.*
O menor já não é objecto de direitos mas *sujeito de direitos* e até mesmo um sujeito privilegiado de direitos [...].
A classificação do poder paternal como um *poder-dever*, um *poder-funcional*, é quase pacificamente aceite na doutrina, quer portuguesa quer estrangeira.
[...]
A acentuação da *funcionalização* do poder paternal permite melhor compreender que *o seu exercício seja controlado e defendido contra os próprios progenitores, através da possibilidade de providências limitativas ou mesmo da inibição.*
A evolução operada foi profunda, acentuando-se o carácter funcional, até com manifestação de alteração terminológica [...].
Fica assim claramente afirmado – escrevem Gomes Canotilho e Vital Moreira – que, constitucionalmente, a família é feita de *pessoas* e existe para a realização pessoal delas, não podendo a família ser considerada independentemente das pessoas que a constituem, muito menos contra elas.
[...]
Sendo o poder paternal um poder funcional, como vimos, o seu exercício não é livre mas vinculado e controlado, definindo a lei um *quadro de protecção do menor contra os próprios progenitores, mediante a possibilidade de os limitar ou mesmo inibir do respectivo exercício.*

A parte do Parecer do Conselho Consultivo da Procuradoria-Geral da República sobre a posição do médico, no caso em apreço, merece também citação:

> O exercício da profissão médica rege-se, designadamente, por um conjunto de normas plasmadas no Código Deontológico, cuja violação "constitui o infractor em responsabilidade disciplinar" (artigo 139.º).
> Um dos princípios gerais enunciados no capítulo I é o da *independência* dos médicos no exercício da sua profissão, [...]
> No tocante a deveres, o artigo 6.º prescreve o princípio geral de que o médico deve exercer a sua profissão com o maior respeito pelo *direito à saúde* dos doentes e da comunidade, [...].
> Retenha-se, no termo destas considerações, que sobre o médico impende o dever – deontológico e jurídico – *de agir, de tratar, dispensando ao doente os necessários cuidados de saúde, por forma a evitar a verificação de um evento danoso para a vida, a saúde ou integridade física* do paciente, sob pena de a sua conduta ser eventualmente subsumível à previsão dos artigos 131.º (homicídio doloso por omissão – artigo 10.º) ou 276.º (recusa de facultativo).
> E aproveite-se o ensejo para recordar, neste contexto, que também o pai tem para com o filho *especiais* deveres de protecção, cuidado e assistência, o que lhe cria uma *posição de garante*, de responsável pela não verificação de um evento danoso para a saúde do filho.
> [...]
> Assim sendo, compreende-se que o presente parecer não possa razoavelmente fornecer uma *solução genérica, válida para toda e qualquer situação de recusa dos pais* em autorizarem o internamento hospitalar do filho menor.
> *A solução pode variar de caso para caso, em função dos plúrimos contornos que pode assumir a situação concreta com que o médico se confronte.*
> Há que atender a toda uma gama de variáveis, ponderando cada um dos elementos que recortam uma dada situação.
> [...]
> Ao médico cumprirá o dever de esclarecer os pais – e o menor, em função da sua idade e capacidade de discernimento – [...] enfim, todo o conjunto de informações que habilite os pais a uma tomada de decisão consciente, *no interesse do filho.*
> O médico procurará, assim, obter a adesão dos pais, demovendo-os da sua atitude.
> Se, não obstante, a recusa se mantiver e a situação de facto que se perfila for de molde a recear perigo para a vida ou grave dano para a saúde do

menor, pensa-se que o conflito deverá ser decidido no interesse do menor. Não será uma decisão *contra os pais*, mas *a favor do menor*.
Sendo, hoje, o poder paternal um poder-dever, um poder funcional que deve ser exercido no interesse do filho, de harmonia com a função do direito, consubstanciada no objectivo primacial de protecção e salvaguarda dos interesses do filho, o entendimento que perfilhamos respeita e vai de par com a evolução e concepção actual do instituto do poder paternal.
O superior interesse do menor é, na verdade, a verdadeira razão de ser, o critério e o limite desse poder, é a luz que há-de iluminar o intérprete em toda a problemática que contenda com os seus interesses.
[...]
Assim sendo, a situação em apreço configurará um abuso do direito, que determinará a ilegitimidade da recusa dos pais, pelo que o médico não tem que acatar a vontade manifestada nestes termos.
[...]
Ainda, porém, que assim se não entendesse, ou a situação concreta que no caso se recorte não consinta esse recurso, seria possível fazer apelo ao instituto do *conflito de deveres*.
[...]
Conflituando o dever de intervir e o dever de não intervir (acatando a decisão dos pais), haveria então que conferir prevalência, no interesse do menor, à decisão médica.
[...]
Em face do exposto, formulam-se as seguintes conclusões:
[...]
2.ª O superior interesse do filho é a verdadeira razão de ser, o critério e o limite do poder paternal;
[...]
9.ª Se, não obstante o esclarecimento referido na conclusão 6.ª, os pais mantêm a sua recusa ao internamento, e a situação de facto que se perfila for de molde a recear perigo para a vida ou grave dano para a saúde do menor, não se compadecendo o seu estado clínico com o recurso à via judicial nos termos da anterior conclusão, dar-se-á prevalência à decisão médica de internamento;
10.ª A doutrina consubstanciada nas conclusões anteriores é aplicável, com as devidas adaptações, à situação de alta hospitalar. (Procuradoria-Geral da República (s/d): 339, 340, 342, 346-349, 351, 352, 358, 363, 366, 375-378, 380)

Concluindo, apesar de tudo o que já foi feito, Portugal ainda está em falta para com as suas crianças. Já em 1990, num texto introdutório à 1.ª edição do *Guia dos Direitos da Criança* publicado pelo IAC ("Confronto e Contraponto"), a sua autora (Aurora da Fonseca) constatava que «os direitos da criança em Portugal estão disseminados por *n* diplomas e *n* áreas de intervenção [...] e que falta a definição de uma política global relativa à criança»[121]. E no texto de "Abertura" da 3.ª edição (Perdigão & Pinto, 2009), o Provedor de Justiça (H. Nascimento Rodrigues) pergunta: «Pode, numa palavra, olhar-se a criança sem se ver a família? E pode olhar-se a família sem se ver a sociedade?».

Um estudo publicado pela Organização para a Cooperação Económica e o Desenvolvimento (OCDE ou OECD, sigla em língua inglesa) em 2009, realizado com base em indicadores abrangendo seis áreas (bem-estar material, habitação e meio ambiente, educação, saúde e segurança, comportamentos de risco, qualidade da vida escolar) concluiu que «nenhum país da OCDE tem bons resultados em todas as áreas e que cada país pode fazer mais para melhorar a vida das crianças»[122]. Um dos seus países membros é Portugal, que não se encontra bem colocado na escala dos resultados conseguidos.

Para conseguir mais e melhor, é necessário, nomeadamente (além de regularizar a apresentação de relatórios ao Comité dos direitos da criança, que devem ser amplamente difundidos, juntamente com as Observações Finais do Comité):

- Adoptar um Código ou Lei geral, com um quadro normativo global sobre os direitos da criança.
- Elaborar um plano nacional e criar uma estrutura de coordenação para a realização dos direitos da criança.
- Instituir um Provedor da Criança ou entidade análoga para dar uma voz própria, pública e permanente às crianças.

---

[121] Na opinião de Thomas Hammarberg, o principal obstáculo à efectividade da Convenção de 1989 continua a ser este: «a ausência de uma abordagem sistemática e global dos direitos da criança como uma prioridade política» (Hammarberg, 2007: 113).

[122] Disponível em Setembro de 2009: http://browse.oecdbookshop.org/oecd/pdfs/browseit/8109031E5.PDF.

REFERÊNCIAS BIBLIOGRÁFICAS

ALSTON, Philip (1994). The best interests principle: Towards a reconciliation of culture and human rights. In Philip Alston (Edited by), *The best interests of the child – Reconciling Culture and Human Rights*. Oxford: Clarendon Press, UNICEF-International Child Development Center, Florence, Italy, 297 p., 1-25.

ALSTON, Philip & TOBIN, John (2005). *Laying the Foundations for Children's Rights – An Independent Study of some Key Legal and Institutional Aspects of the Impact of the Convention on the Rights of the Child*. UNICEF, 105 p.

ARIÈS, Philippe (1960). *L'enfant et la vie familiale sous l'Ancien Régime* (Trad. em Relógio d'Água). Paris: Seuil (1973), 318 p.

BADINTER, Elisabeth (1980). *L'amour en plus – Histoire de l'amour maternel (XVIIIe-XXe siècle)* (Trad. em Relógio d'Água). Paris: Flammarion, 373 p.

BECCHI, Egle (1996). Humanisme et Renaissance. In Egle Becchi et Dominique Julia (Sous la direction de), *Histoire de l'enfance en Occident – 1. De l'Antiquité au XVIIe siècle* (*Storia dell'infanzia*, trad. de Jean-Pierre Bardos). Paris: Éditions du Seuil (1998), 506 p., 171-213.

BECCHI, Egle (1996a). Le XIXe siècle. In Egle Becchi et Dominique Julia (Sous la direction de) (1996). *Histoire de l'enfance en Occident – 2. Du XVIIIe siècle à nos jours* (*Storia dell'infanzia*, trad. de Jean-Pierre Bardos, Albrecht Burkardt et Corinna Gepner). Paris: Éditions du Seuil (1998), 548 p., 157-238.

BECCHI, Egle et Julia, Dominique (1996). Histoire de l'enfance, histoire sans paroles?. In Egle Becchi et Dominique Julia (Sous la direction de), *Histoire de l'enfance en Occident – 1. De l'Antiquité au XVIIe siècle* (*Storia dell'infanzia*, trad. de Jean-Pierre Bardos). Paris: Éditions du Seuil (1998), 506 p., 7-41.

BIERLAIRE, Franz (1996). Colloques scolaires et civilités puériles au XVIe siècle. In Egle Becchi et Dominique Julia (Sous la direction de), *Histoire de l'enfance en Occident – 1. De l'Antiquité au XVIIe siècle* (*Storia dell'infanzia*, trad. de Jean-Pierre Bardos). Paris: Éditions du Seuil (1998), 506 p., 271-302.

CANTWELL, Nigel (2007). Words that Speak Volumes – A short history of the drafting of the CRC. In AAVV, *18 Candles – The Convention on the Rights of the Child Reaches Majority*. Sion (Switzerland: Institut International des Droits de l'Enfant, 119 p., 21-29.

CORSINI, Carlo A. (1996). Enfance et famille au XIXe siècle. In Egle Becchi et Dominique Julia (Sous la direction de) (1996). *Histoire de l'enfance en Occident – 2. Du XVIIIe siècle à nos jours* (*Storia dell'infanzia*, trad. de Jean-Pierre Bardos, Albrecht Burkardt et Corinna Gepner). Paris: Éditions du Seuil (1998), 548 p., 289-320.

DEKEUWER-DÉFOSSEZ, Françoise (1991). *Les droits de l'enfant*. Paris: PUF, 'Que-sais-je ?- 852, (5e éd. : 2000), 126 p.

DEKKER, Jeroen J. H. (1996). Message et réalité – L'iconographie de l'éducation des enfants et sa signification morale dans la peinture de genre hollandaise du XVIIe siècle. In Egle Becchi et Dominique Julia (Sous la direction de), *Histoire de l'enfance en Occident – 1. De l'Antiquité au XVIIe siècle* (*Storia dell'infanzia*, trad. de Jean-Pierre Bardos). Paris: Éditions du Seuil (1998), 506 p., 397-425.

DEMAUSE, Lloyd (1974). *Historia de la infancia* ('The History of Childhood', tr. de María Dolores López Martinez). Madrid: Alianza Editorial, 1982, 471 p.

DETRICK, Sharon (1999). *A Commentary on the United Nations Convention on the Rights of the Child*. The Hague: Kluwer Law International, 790 p.

DOEK, Jaap E. (2007). The CRC General Principles. In AAVV, *18 Candles – The Convention on the Rights of the Child Reaches Majority*. Sion (Switzerland): Institut International des Droits de l'Enfant, 119 p., 31-38.

DOLTO, Françoise (1985). *La cause des enfants*. Paris: Éditions Robert Laffont, 469 p.

FINEMAN, Martha Albertson (2009). Introduction – What is Right for Children ?. In Martha Albertson Fineman and Karen Worthington (Edited by), *What is Right for Children? – The Competing Paradigms of Religion and Human Rights*. Farnham (England), Burlington (USA): Ashgate, 450 p., 1-4.

GARIN, Eugenio (1996). L'image de l'enfant dans les traités de pédagogie du XVe siècle. In Egle Becchi et Dominique Julia (Sous la direction de), *Histoire de l'enfance en Occident – 1. De l'Antiquité au XVIIe siècle* (*Storia dell'infanzia*, trad. de Jean-Pierre Bardos). Paris: Éditions du Seuil (1998), 506 p., 247-270.

GOODICH, Michael (1996). Une enfant sainte, une sainte des enfants: l'enfance de sainte Elizabeth de Hongrie (1207-1231). In Egle Becchi et Dominique Julia (Sous la direction de), *Histoire de l'enfance en Occident – 1. De l'Antiquité au XVIIe siècle* (*Storia dell'infanzia*, trad. de Jean-Pierre Bardos). Paris: Éditions du Seuil (1998), 506 p., 143-169.

HAMMARBERG, Thomas (2001). Children. In Asbjørn Eide, Catarina Krause and Allan Rosas (Edited by), *Economic, Social and Cultural Rights – A Textbook,* The Hague: Kluwer Law International, 775 p., 353-372.

HAMMARBERG, Thomas (2007). The Rights of the Child – Much More than Charity. In AAVV, *18 Candles – The Convention on the Rights of the Child Reaches Majority*. Sion (Switzerland: Institut International des Droits de l'Enfant, 119 p., 113-119.

HAMMARBERG, Thomas (2007a). Children have the right to be heard and adults should listen to their views. The 2007 Council of Europe Koczack Lecture, Warsaw (CommDH/Speech(2007)18, 20 November 2007).
(V. https://wcd.coe.int/ViewDoc.jsp?id=1213789&Site=CommDH&BackColorInternet=FEC65B&BackColorIntranet=FEC65B&BackColorLogged=FFC679

HAMMARBERG, Thomas (2008). The principle of the best interests of the child – what it means and what it demands from adults. Lecture in Warsaw (CommDH/Speech(2008)10, 30 May 2008).
(V. https://wcd.coe.int/ViewDoc.jsp?id=1303979&Site=CommDH&BackColorInternet=FEC65B&BackColorIntranet=FEC65B&BackColorLogged=FFC679)

JULIA, Dominique (1996). L'enfance aux débuts de l'époque moderne. In Egle Becchi et Dominique Julia (Sous la direction de), *Histoire de l'enfance en Occident – 1. De l'Antiquité au XVIIe siècle* (*Storia dell'infanzia*, trad. de Jean-Pierre Bardos), Paris: Éditions du Seuil (1998). 506 p., 303-395.

JULIA, Dominique (1996a). L'enfance entre absolutisme et lumières (1650-1800). In Egle Becchi et Dominique Julia (Sous la direction de) (1996). *Histoire de l'enfance en Occident – 2. Du XVIIIe siècle à nos jours* (*Storia dell'infanzia*, trad. de Jean-Pierre Bardos, Albrecht Burkardt et Corinna Gepner). Paris: Éditions du Seuil (1998), 548 p., 7-119.

KEY, Ellen (1900). *The Century of the Child* (translation from the German version of Frances Maro, which was revised by the author herself). New York and London: G. P. Putnam's Sons (1909), 339 p.

KORCZAK, Janusz (1919/20, 1928). *Comment aimer un enfant* (1919-1920), suivi de *Le droit de l'enfant au respect* (1928) (trad. de Zofia Bobowicz). Paris: Éditions R. Laffont (2006), 412 p.

LABERGE, Danielle (1985). L'invention de l'enfance : modalités institutionnelles et support idéologique. *Criminologie*, vol. 18, n.º 1, 73-97.
(Disponível em Setembro de 2009 : http://id.erudit.org/iderudit/017209ar)

LANSDOWN, Gerison (2005). *The evolving capacities of the child.* Florence: UNICEF, 62 p.
(V. www.unicef-irc.org/publications/pdf/evolving-eng.pdf)

LE BRUN, Jacques (1996). La dévotion à l'Enfant Jésus au XVIIe siècle. In Egle Becchi et Dominique Julia (Sous la direction de), *Histoire de l'enfance en Occident – 1. De l'Antiquité au XVIIe siècle* (*Storia dell'infanzia*, trad. de Jean-Pierre Bardos). Paris: Éditions du Seuil (1998), 506 p., 427-457.

LEONETTI, Jean (2009). *Intérêt de l'enfant, autorité parentale et droits des tiers* – Rapport au Premier-ministre. Paris, 107 p.
(V. http://lesrapports.ladocumentationfrancaise.fr/BRP/094000484/0000.pdf)

LÉVY, Jean-Philippe (1989). Conclusion: L'évolution du droit familial français de 1789 au Code de Napoléon. In Irène Théry et Christian Biet (Textes réunis et présentés par), *La famille, la loi, l'État – de la Révolution au Code civil.* Paris: Éditions du Centre Georges Pompidou / Imprimerie Nationale-Éditions, 534 p., 507-513.

LIAO, S. Matthew (2009). The Right of Children to Be Loved. In Martha Albertson Fineman and Karen Worthington (Edited by), *What is Right for Children? – The Competing Paradigms of Religion and Human Rights.* Farnham (England), Burlington (USA): Ashgate, 450 p., 347-363.

LUC, Jean-Noël (1996). Les premières écoles enfantines et l'invention du jeune enfant. In Egle Becchi et Dominique Julia (Sous la direction de) (1996). *Histoire de l'enfance en Occident – 2. Du XVIIIe siècle à nos jours* (*Storia dell'infanzia*, trad. de Jean-Pierre Bardos, Albrecht Burkardt et Corinna Gepner). Paris: Éditions du Seuil (1998), 548 p., 321-348.

MANSON, Michel (1996). La poupée et le tambour, ou de l'histoire du jouet en France du XVIe au XIX siècle. In Egle Becchi et Dominique Julia (Sous la direction de), *Histoire de l'enfance en Occident – 1. De l'Antiquité au XVIIe siècle* (*Storia dell'infanzia*, trad. de Jean-Pierre Bardos). Paris: Éditions du Seuil (1998), 506 p., 459-493.

MENDEL, Gérard (1971). *Pour décoloniser l'enfant – Sociopsychanalyse de l'autorité* (Trad. em Publicações Dom Quixote, 1973). Paris: Payot, 292 p.

MONCHABLON, Alain (Coord. de) (1989). *L'esprit de 1789 et des droits de l'homme – Textes et documents (1725-1986) – Préface de Claude Nicolet.* Paris: Coédition CNDP/ Larousse, 287 p.

MURAT, Pierre (1989). La puissance paternelle et la Révolution française: essai de régénération de l'autorité des pères. In Irène Théry et Christian Biet (Textes réunis et présentés par), *La famille, la loi, l'État – de la Révolution au Code civil.* Paris: Éditions du Centre Georges Pompidou / Imprimerie Nationale-Éditions, 534 p., 390-411.

NÉRAUDAU, Jean-Pierre (1984). *Être enfant à Rome.* Paris: Éditions Payot & Rivages (1996), 436 p.

NÉRAUDAU, Jean-Pierre (1996). L'enfant dans la culture romaine. In Egle Becchi et Dominique Julia (Sous la direction de), *Histoire de l'enfance en Occident – 1. De l'Antiquité au XVIIe siècle* (*Storia dell'infanzia*, trad. de Jean-Pierre Bardos). Paris: Éditions du Seuil (1998), 506 p., 75-108.

O'DONNELL, Daniel (2009). *The Right of Children to be Heard: Children's right to have their views taken into account and to participate in legal and administrative proceedings.* Florence: UNICEF, Innocenti Research Centre, Innocenti Working Paper No. 2009-04, 62 p.
(V. www.unicef-irc.org/publications/pdf/iwp_2009_04.pdf)

OECD (2009). *Doing Better for Children – Summary in English.* Paris.
(Disponível em Setembro de 2009: http://browse.oecdbookshop.org/oecd/pdfs/browseit/8109031E5.PDF)

PAINE, Thomas (1776). *Common Sense.* Forgotten Books (2008), 70 p.
(Disponível em Setembro de 2009:
http://books.google.com.br/books?id=wVt7VxvFyegC&pg=PA61#v=onepage&q=begin%20the%20world%20over%20again&f=false)

PAINE, Thomas (1791). *The Rights of Man.* Forgotten Books (2008), 232 p.
(V.http://books.google.com/books/p/pub-4297897631756504?id=TWzBtJ9QKboC&printsec=frontcover&dq=thomas+paine#v=onepage&q=&f=false)

PAIS, Marta Santos (1999). *A human rights conceptual framework for UNICEF.* Florence: UNICEF International Child Development Centre, 20 p. (V. www.unicef-irc.org/publications/pdf/essay9.pdf).

PERDIGÃO, Ana & Pinto, Ana Sotto-Mayor (2009). *Guia dos Direitos da Criança.* Lisboa: Instituto de Apoio à Criança / Círculo de Leitores, 372 p. + Anexos

PLATO (Edited by John M. Cooper & D. S. Hutchinson, 1997). *Plato – Complete Works.* Indianapolis / Cambridge: Hackeht Publishing Company, 1808 p.

Provedor de Justiça (2008). *Relatórios Sociais – Imigração, Direitos das Mulheres, Infância e Juventude, Protecção da saúde, Sistema Penitenciário.* Lisboa: Provedoria de Justiça – Divisão de Documentação, 464 p.
(V. www.provedor-jus.pt/restrito/pub_ficheiros/RelatoriosSociais2008.pdf)

RENAUT, Alain (2002). *La libération des enfants – Contribution philosophique à une histoire de l'enfance.* Paris: Calmann-Lévy, 396 p.

RIVERO, Jean (1989). Une éthique fondée sur le respect de l'Autre. In AAVV, *1989 – Les droits de l'homme en questions – Livre Blanc.* Paris: La Documentation française, Commission nationale consultative des droits de l'homme, 379 p., 179-182.

RUBELLIN-DEVICHI, Jacqueline (1994). The best interests principle in French law and practice. In Philip Alston (Edited by), *The best interests of the child – Reconciling Culture and Human Rights.* Oxford: Clarendon Press, UNICEF-International Child Development Centre, Florence, 297 p., 259-290.

SMITH, Rhona K. M. (2003). *Textbook on International Human Rights*. Oxford: Oxford University Press, 361 p.

SNYDERS, Georges (1980). *Il n'est pas facile d'aimer ses enfants* ('Não é fácil amar os nossos filhos', trad. em Publicações Dom Quixote, 1984). Paris: PUF, 291 p.

SOHN, Louis Bruno (1982). The New International Law: Protection of the Rights of Individuals rather than States. *American University Law Review*, 32 Am. UL. Rev. (This Article is based on a series of lectures delivered by the author at the College de France in June 1982. The staff and editors of the AMERICAN UNIVERSITY LAW REVIEW have provided supplementary footnotes for this Article).
(Disponível em Setembro de 2009: http://web.pdx.edu/~kinsella/ps448/sohn.html).

SZLAZAKOWA, Alicja (1978). *Janusz Korczak* (trad. de Lucjan Grobelak). Warszawa: Wydawnictwa Szkolne i Pedagogiczne, 154 p.

UNICEF (1990). *Les enfants d'abord.* New York, 80 p.

UNICEF (2002). *Implementation Handbook for the Convention on the Rights of the Child* (prepared for UNICEF by Rachel Hodgkin and Peter Newell). New York / Geneva (first edition: 1998, now fully revised), 762 p.

UNICEF (2007). *Law Reform and Implementation of the Convention on the Rights of the Child.* Florence: Innocenti Research Centre, 150 p.
(V. www.unicef-irc.org/article.php?id_article=87)

United Nations (1997). *Manual on Human Rights Reporting – under six major international human rights instruments.* Geneva, 560 p.

United Nations (2006). *Treaty Handbook.* 73 p.
(V. http://treaties.un.org/doc/source/publications/THB/English.pdf)

VAN BUEREN, Geraldine (1995). *The International Law on the Rights of the Child.* Dordrecht / Boston / London: Martinus Nijhoff Publishers, International Studies in Human Rights, Volume 35, 435 p.

VITORINO, António (1993). *Protecção constitucional e protecção internacional dos direitos do homem: Concorrência ou complementaridade?.* Lisboa: Associação Académica da Faculdade de Direito de Lisboa, 94 p.

WOLF, Joachim (1992). The Concept of the 'Best Interest' in Terms of the UN Convention on the Rights of the Child. In Michael Freeman and Philip Veerman (Edited by), *The Ideologies of Children's Rights*, Dordrecht / Boston / London: Martinus Nijhoff Publishers, International Studies in Human Rights, Volume 23, 369 p., 125-134.

ÍNDICE